KB054776

인생운동을 찾았다!

한심한 몸을 깨우는 춤의 마법

인생운동을 찾았다!

이영미 지음

시사IN북

추천사

'이영미'와 '이영미'

"이영미가 누구야?"

대학에 입학했더니 교수님들이 죄다 내 이름을 기억하는 게 아닌가. 특별하기는커녕 흔해빠진 이름인데 웬일인가 싶었다. 그 궁금증은 금세 풀렸다. 79학번에 같은 이름을 가진 유명한 선배가 있었단다. 이미 대학 때부터 입심이 셀 뿐 아니라 대단한 활동파였던 모양이다. 과연 졸업 후에도 대중예술 연구자로 뚜렷한 족적을 남기고 있었다.

기분이 좋다기보다, 묘했다. 같은 대학, 같은 학과를 나온 동명의 선배라니! 이런 유명한 분이 계시니, 나는 뭘 해도 큰 그림자에 가려질 터였다. 게다가 그 많은 동아리 중에 하필이면 왜 연극반을 택했던가. 연극평론가로 이미 내로라하는 선배를 둔 덕에, 그 판에서도 내 존재는 미미할 따름이었다.

실제로 그 당시 공연장에서 딱 한 번 뵌 적이 있다. 듣던 대로 강단지고, 스스럼없이 호쾌한 분이었다. 어린 마음에, 그나마 양귀비 같은 미인이 아니어서 다행이라고 여긴 듯하다. (선배님, 죄송합니다.) 만약 그랬다면, 같은 '이영미'의 인생길이 이다지도 불공평한가, 눈물에다 막걸리를 찔끔댔을 것이다.

살아보니 하등의 걱정도 할 필요가 없었다. 나는 책을 만드는 편집자로 경력을 쌓았다. 선배는 왕성하게 책을 써내는 저자였다. 서로 추구하는 분야가 다른데 헷갈리거나 비교당할 리가 있나. 신기하게도 에디터와 저자로 만나는 우연조차 생기지 않았다. 종일 책상 앞에 앉아서 머리 쓰는 직업군이란 게 비슷하다면 모를까.

혹시나 '이영미'란 이름에는, 나이 들어 몸을 써야 한다는 운명의 계시라도 들어 있는 건가? 나는 십여 년 전부터 철인3종을 취미로 하는 사람이 되었다. 운동으로 인생이 변한 얘기를 글로 써서 떡하니 『마녀체력』이란 책까지 냈다. 그런데 최근 들어 이렇게 아는 척을 하는 사람들이 늘어났다.

"아니, 마녀체력 이영미가 언제부터 춤까지 추기 시작한 거야?"

춤이라니! 체력이라면 남부러울 것 없지만, 리듬감이나 유연성과는 거리가 먼 몸치가 뭔 춤을 추겠는가? 우연히 잡지에 실린 기사를 보고서야 알았다. 세상에! 대중가요를 연구하고 연극을 평론하며 최근에는 된장까지 담근다던 학구파 이영미 선배가 춤바람이 난 거였다. 몸이 너무 아파서, 죽지 않기 위해 시작했다가 춤의 매력에 잔뜩 빠졌다. 자이브며 룸바, 왈츠에 탱고, 게다가 탭댄스까지! 지금은 배꼽을 활짝 드러내고 벨리댄스를 배우고 있단다. 앞으로는 춤의 전도사로 이름을 드높이실 태세다.

일찍이 사교댄스를 배워 놓은 엄마는 70대에 춤을 추며 젊음을 되찾았다. 저혈압 탓에 늘 비실거리던 친구는 최근 배우기 시작한 룸바 덕분에 살맛이 난단다. 왜 아니겠는가.

음악에 맞춰 날개 같은 옷을 입고 격렬하게 몸을 움직여 보라. 평생 모르거나 감추고 살아온 욕망과 끼가 마구 분출될 것이 뻔하다. 어쩔 수 없이 몸을 움직이려고 시작한 철인 3종이 결국 내 자신을 찾는 과정이었던 것처럼.

안 그래도 영화 〈라라댄스〉와 〈스윙키즈〉를 보면서 '탭댄스' 한번 멋지게 출 수 있다면 좋겠다 싶었다. 이왕 헷갈리기 시작한 거, 선배 따라서 춤이나 배울까. 벌써 저만치 앞서 갔으니 허겁지겁 따라가야겠지만, 이래봬도 마녀체력인데 도전해 볼 만하다. 하하! 그나저나 하늘 같은 이영미 선배 책에 이영미 후배가 글을 얹는 영광을 누리다니, 인생 참 오래 살고 볼 일이네.

이영미(『마녀체력』 저자)

차례

머리말

춤으로 글까지 쓰게 되다니

춤을 시작할 때 그렇게 마음먹었다. 춤으로 글을 쓰는 일은 하지 않겠다고. 연구자이자 평론가로 평생 글을 쓰며 사는 게 얼마나 피곤하고 힘든 일인지 잘 알기 때문이다. 연극이나 TV드라마를 보고 대중가요를 듣고 분석하는 게 재미있어서 시작한 일이지만, 그걸 업으로 삼으면 그때부터는 연극 관람과 대중가요 듣기는 '일'이 돼버린다. 연극평론가 노릇을 그만둔 지 10년도 넘었건만 나는 아직도 '순수한 관객'으로 마음 편하게 연극을 보지 못한다. 대중음악을 들으면서 책을 읽거나 음식 만들기를 하는 것도 쉽지 않다. 그래서 다 늦게 발견한 재미있는 일을 이번에는 그런 대상으로 만들지 않겠노라 마음먹은 것이다.

내가 춤을 배운다고 할 때 사람들이 가장 흔히 보인 반응은 "어머, 좋겠어요. 그렇게 배워서 공연하면 얼마나 멋진 일이에요?"이다. 그러면 나는 "저 공연 안 해요. 저는 공연, 하나도 안 즐거워요"라고 답한다. 공연을 안 해본 사람이 보기에는 무대에 서는 일이 멋지게 보이고 가슴 벅찬 일로 보일 수 있다. 그런데 나는 아니다. 평생을 연극평론가로, 연출가이자 극단 대표의 아내로 산 나에게 무대란 일하는 곳이다. 무대에 서는 스트레스를 충분히 잘 알고 있다. 공연을 하겠다고 결정하고 나면 그때부터 어떤 괴로운 과정이 펼쳐질지 훤히 보인다.

나는 그냥 춤을 배우고 추는 것 자체가 즐겁다. 음악을 들으면 즐겁듯이, 음악에 맞춰 몸을 움직이는 것, 더구나 정교하게 잘 만들어진 움직임을 몸으로 옮겨보는 것 자체가 즐겁다. 공연을 하거나 평론을 하거나 하면서 이 즐거운 취미를 괴로운 노동으로 바꾸는 미친 짓은 하고 싶지 않다.

'몸매를 위해서'가 아니라 '죽지 않기 위해서'

춤 이야기를 글로 쓰고 있는 지금도 그 생각에는 변함이 없다. 그래서 지금 내가 춤에 대해 쓰는 이 글은 (음식 이야기를 쓸 때에도 그랬듯) 그야말로 비전문인으로서 쓰는 글이다. 내가 체험한 것을 소박하게, 살짝 분석이 들어가더라도 '오버'하지 않는 선에서, 그저 아는 만큼만 쓰자고 생각했다.

그래서 나는 이 책이 좀 실용적인 책으로 읽혔으면 좋겠다. 나처럼 운동이 필요한 중년들이 내 주변에도 정말 많고, 그들과 내 경험을 공유하고 싶다는 소박한 마음에서 글쓰기를 시작했다. 내가 운동으로 춤을 배우기 시작했다는 내용을 소개한 〈시사IN〉 임지영 기자의 「나는 운동한다 고로 존재한다」라는 기사를 읽은 40~50대 여자들이 보여준 반응은 모두 '몸매를 위해서가 아니라 죽지 않기 위해 운동한다는 말에 백 배 공감한다'는 것이었다.

나도 40대까지는 단기적 처방으로 몸의 문제를 해결하려 했다. 집에는 뜸과 부항, 마사지를 위한 온갖 종류의 기구들이 널려 있다. 그것들은 그럭저럭 응급처치가 필요할 때는 제법 요긴하기도 했고, 이런 것을 하면서 몸에 대한 이해가 좀 높아진 것도 사실이다. 하지만 50대 후반에 이른 지금은 그런 임시방편만으로는 버틸 수 없다는 것이 분명히 느껴진다. 문제가 생겼을 때 해결하는 수준을 넘어서, 순환이 느려지고 기운이 빠지고 근육이 굳고 줄어듦에 따라 몸 전체가 하락하는 이 흐름을 늦춰야 한다는 게 지금의 판단이다. 급하게 해결할 통증이 생기면 적절한 처치를 해야 하지만, 지속적인 운동으로 몸의 하락 추세를 늦추는, 더 근본적인 해결을 위한 노력이 수반되어야 한다.

인생운동 찾기는 나를 알아가는 것

운동이 필요하다는 것을 모르는 사람은 없다. 단 '인생운동'을 찾는 게 관건이다. 몸에 좋다는 건강식품도 사람마다 자신에게 맞는 것이 다 다르듯이, 운동도 그렇다. 그리고 어떤 것이 자신에게 맞는지는 자기만이 찾을 수 있다. 운동을 하기 전에 머릿속으로 여러 변수를 따져 시뮬레이션도 해보고, 실제로 운동을 하면서 자신에게 맞는 운동인지 가늠해보기도 하면서 '인생운동'을 찾아나가야 하는 것이다. 그게 수영일 수도 있고 달리기일 수도 있고 요가 혹은 탁구일 수도 있지만, 남들이 좋다고 하는 것이 나에게도 좋다는 법은 없다. 또 아무리 좋은 운동이면 뭐하겠는가. 흥미가 없거나 생활의 호흡과 맞지 않아서 지속적으로 할 수 없다면 아무 소용이 없다. 그야말로 그림의 떡이다. '해야 할 텐데'라는 의무감으로는 지속할 수 없다. 재미가 느껴져서 자꾸 하고 싶어져야 한다. 그러려면 나에게 뭐가 맞는지,

내가 무엇을 재미있어하는지를 알아야 한다.

그런데 이게 얼마나 어려운 일인가! 자신을 아는 것이야말로 정말로 오래 걸리는 일이다. 내후년이 환갑인 이 나이에도 나는 '내가 이런 사람이었구나'라고 새삼 깨닫게 될 때가 많다. 내 몸이 어떤지는 물론이고, 내가 무엇을 좋아하고 무엇을 할 때 즐거운지, 무엇을 못 견뎌하는지를 정확하게 안다는 게 쉽지 않다. 해봐야 안다. 알게 된다 하더라도, 시간이 흐르고 나이를 먹으면서 변화하기 때문에 그 변화까지 짐작하기란 더 어렵다.

30대 말에 나는, 50대 후반이 되어 내 지적인 창의성이 바닥을 드러내면 그땐 농사를 짓고 된장을 담그고 음식을 만드는 일로 먹고살아볼까 생각한 적이 있었다. 그런데 그 나이가 되어보니 턱도 없는 일이다. 쉰이 넘으니, 된장 담그느라 메주를 힘주어 주무르고 난 날은 손가락 마디가 아팠다. 무거운 함지박을 드는 일도 조심스러워졌고 오래 쪼그리고 앉아 일하고 일어나면 저절로 신음소리가 새어나왔다. 음식 만들고 농사지어 먹고사는 일이 50대 말의 나이에는 육체적으로 얼마나 힘에 부치는 일인지, 30대 때는 짐작할 수 없었던 것이다.

운동 고르기도 마찬가지다. 나에게 뭐가 맞는지는 해봐야 아는 것이지만, 그렇다고 뭐든 다 해볼 수는 없는 일이다. 그러니 가능성을 열어놓고 요모조모 따져보고 생각을 먼저 해보고 나서 그러고도 잘 판단이 서지 않을 때는, 일단 해봐야 한다. 남들이 좋다는 것, 새로운 유행에 휩쓸릴 일이 아니다. 유행보다 더 많은 가능성을 열어두고,

자신이 어떤 몸과 어떤 성향을 지닌 사람인지 성찰해 가며 찾는 태도가 필요하다.

호기심 넘치는 중년 여자의 춤 체험기

이 책은 내가 춤을 내 인생운동으로 찾게 되기까지의 여정을 그린 이야기다. 춤도 누군가에게는 '인생운동'의 하나로 충분히 선택할 만하다는 것을 알려주고 싶었고, 춤을 인생운동으로 선택하고 싶은 사람들에게 작은 조언을 해주고 싶어졌다. 나보다 훨씬 튼튼한 몸을 가졌으면서도 '여기저기 아프다, 수영 한 달 다니다 때려치웠다, 피트니스 센터에서 PT(개인훈련) 하는데 하기 싫어 죽겠다, 해도 계속 아프다' 이렇게 하소연하는 내 또래들에게 또 다른 선택지로 '춤'이 있다고, 그것도 아주 다양한 종류가 있으니 잘 골라보라고 얘기해주고 싶었다.

다행히도 춤은 덜 고통스러우면서 몸과 마음과 머리의 재미가 한꺼번에 느껴지는 독특한 운동이다. 오죽 재미있으면 '춤바람'이란 말이 있을까. 예술이란 게 머리와 가슴으로만 하는 것처럼 생각되지만, 춤이나 연극처럼 '몸'으로 하는 예술은 그와 더불어 육체적 즐거움도 만만치 않다. 예술 중 '바람'이란 말이 붙는 종류는 오로지 춤밖에 없다. 문학바람, 그림바람, 이런 말은 없지 않은가. 대신 '연극은 마약'이란 말이 있다. 춤이나 연극은 일단 시작해 보면 몸이 그 즐거움을 요구한다는 걸 알게 된다. 고통스러운 운동을 인내하기 힘든 사람들에게는 아주 적합하다. 단, 춤에도 워낙 종류가 많아 고르기가 쉽지 않을 뿐이다.

그래서 설명해 주고 싶었다. 춤을 업으로 삼은 '업계 사람'의 입장이 아니라 순수 비전문가의 설명, '느낌적인 느낌'으로 쓰인 감성적인 서술이 아니라 일상적이며 실용적이고 객관적인 설명 말이다. 호기심 덕분에 이것저것 '직접 배워본' 사람으로서 종류별로 다양한 춤 배우기의 경험을 객관적인 언어로 설명하고 싶었다.

다른 운동과 달리 춤은 예술 영역에 속하는 것이므로, 눈에 보이는 이미지에 크게 좌우된다. 하지만 눈으로 보는 것과 몸으로 해보는 것은 정말 다르다. 하나도 힘들지 않은 표정으로 우아하고 부드럽게 움직이는 발레리나를 보면 그 동작이 쉬워보이지만 실제로는 죽을힘을 다해 뼈와 근육을 잡아당기고 비틀어야만 그런 자세와 움직임이 나올 수 있다는 걸 사람들은 잘 모른다. 남녀가 아주 매너 있게 움직이는 듯 보이는 왈츠가 경망스럽게 엉덩이를 흔들어대는 차차차나 룸바보다도 훨씬 더 신체접촉이 많은 '야한' 춤이라는 것도 실제로 춰보지 않으면 알 수가 없다. 공연예술계에서 수십 년 평론가로 살면서 배우들과 워크숍이나 수련회도 함께 해보았고 그래서 춤출 때의 몸 움직임에 대해 일반인보다는 좀 더 구체적으로 안다고 말할 수 있는 나도 직접 춤을 배우면서 깨닫게 된 새로운 사실이 참으로 많다.

그래서 이 재미있는 얘기를 하고 싶어 입이 근질근질 해졌다. 다 늙어 춤바람이 난 중년 여자의 수다스러운 이야기지만, 그래도 인생운동으로 춤을 선택하는 사람들과 함께 나누고 도움을 주고받을 만한 정도는 되지 않을까 생각했다. 부디 이 부끄러운 글을 너그러운 마음으로 경쾌하게 읽어주시길 바란다. 춤을 가르쳐주신 여러 선생님들께도 감사의 말씀을 올린다.

2019년 2월
북한산 자락에서
이영미

1부.

살기 위해 춤에 입문하다

나의 첫 댄스학원 등록기

내 발로 찾아간 댄스학원

쉘 위 댄스? 영화는 됐고!

춤? 지인들의 눈이 동그래진다. 왜 아니겠나. 나도 피식피식 웃음이 나오는데 말이다. 5년 전부터 불붙은 나의 춤바람은 이제 주 5회 춤을 배우는 지경에 이르렀다. 댄스스포츠, 벨리댄스, 플라멩코, 훌라를 동시에 배우는 중이고 그동안 몇 달간 배워본 춤까지 꼽으면 살사, 탭댄스까지 있다. 정말 버라이어티하다.

쉰이 훌쩍 넘어 웬 춤? 연극·대중예술 평론가·연구자로 살아왔으니 춤이 낯설지는 않다. '자유부인'으로 대표되는 1950년대 춤바람, 1970~80년대의 고고와 디스코가 대중예술사에서 차지하는 비중을 왜 모르겠나. 그러나 내 연구 영역이 아니니 그저 마음 한 구석 호기심을 품고 있는 정도에 그쳤다.

그러던 내가 감히 댄스학원 문을 밀고 들어간 것은 아이러니하게도 나이 때문이었다(학원 창문가에 멋진 남자가 서 있었냐고? 그건 영화일 뿐이다). 늘 책상머리에 붙어 있다 보니 40대 중반부터 무릎과 어깨 등 근골격계 질환에 시달리고 소화기능이 떨어졌다. 한의원을 다니면 좀 낫다가 재발하기를 반복했다. 설상가상으로 쉰셋에 덩치 큰

전작 단행본(이미 발표한 연재 글을 엮는 게 아니라 처음부터 끝까지 새로 쓴 책) 작업에 돌입했다. 긴 글의 호흡을 유지하기 위해서 문밖에 나가는 일을 최소화하고 두문불출해야 했다. '건강하게'는 고사하고 '그저 죽지 않고' 일을 마치기 위해서라도 매일 운동을 해야 했다.

'아, 이제 운동을 시작할 때가 된 건가' 싶었다. 누구나 그렇듯 나도 몇몇 운동을 시도해 보긴 했다. 하지만 자신에게 맞는 운동을 찾는 것은 정말 쉽지 않았다. 몸의 상태와 특성, 성격과 관심사, 그리고 생활 패턴을 모두 고려해야 한다. 상당한 자기 성찰과 분석이 필요하고, 이것저것 해보고 실패하면서 자신에게 맞는 것을 선택해야 한다.

달리기, 수영, 배드민턴, 요가… 쩝!

젊었을 때는 자기 몸을 잘 모른다. 되짚어보니 나는 원래 저질 체력이었던 것 같다. 최근에 오래된 옛날 잡동사니들을 정리하다가 우연히 발견한 초등학교 1학년 때 통지표를 보고 깜짝 놀랐다. 체중이 16킬로그램이다! 환절기마다 감기를 달고 살았고 입속은 늘 헐었다. 그런데도 젊었을 때에는 약한 체력이라 자각하지 못했고, 남들만큼 움직이고 일했다. 심지어 사람들은 빠르게 말하고 부지런히 움직이는 나를 보고 내가 '에너자이저'인 줄 안다. 하지만 그건 그저 습관이고 성격일 뿐이다.

성격·습관과 체력의 부조화는 계속 문제를 일으켰다. 끼니 거르는 것, 잠 줄이는 것은 불가능했다. 20대에도 하루 밤샘을 하면 그 후유증이 보름씩 가곤 했다. 위가 급격히

나빠져 삼시세끼 죽만 먹은 적도 있고, 원인 모를 미열이 며칠 계속돼서 병원을 찾았다가 영양실조 진단을 받은 적도 있다. 의사 말로는 '먹고 소화·흡수한 것에 비해 과도하게 에너지를 쓰기 때문'이란다. 잠을 줄일 수는 없으니 깨어 있는 동안 빠르게 움직이는 게 내 생존방식이었다.

모자라는 체력을 채우느라 30대 후반부터는 한약을 달고 살았다. 서른여덟에 『한국대중가요사』를 쓰면서는 한 해에 무려 8제의 녹용을 먹었다. 크게 앓아눕는 건 보약으로 막았지만 자잘하게 터지는 몸의 문제들을 모두 약으로 막을 수는 없었다. 이런 몸으로 50대 중반에 두문불출 집필을 하려면 운동은 선택이 아닌 필수였다.

그간 운동을 안 해본 건 아니다. 헬스클럽이나 수영, 달리기, 배드민턴 같은 것은 생각도 해보지 않았다. 추위에 약해서 몸에 물 묻히는 건 딱 질색이고, 구기 종목은 젬병이다(공을 발로 차서 한 번도 공중으로 띄워본 적이 없고, 배구의 토스도 성공해 본 적이 없다. 체육시간에 나랑 편 먹은 애들은 늘 절망했다). 한의사도 격한 운동은 말렸다. 그저 빠르게 걷는 정도가 적당하단다. 마흔 전후에는 단전호흡을 1년 넘게 해봤다. 그건 할 만했지만 먼 거리의 도장까지 다니는 것부터가 부담이었고 게다가 반복이 좀 지루하기까지 했다. 쉰 살 때쯤 요가를 해보기도 했다. 그런데 마흔 즈음에 단전호흡 할 때만 해도 그 정도까지는 아니었는데 그 10년 새 체력이 더 떨어졌던지, 요가를 한 다음 날엔 늘 가벼운 몸살 기운이 오더니 두 달 만에 된통 앓아눕고 말았다. 결국 포기했다.

운동을 하려면 육체의 고통을 의지로 돌파해야 한다고 흔히들 말한다. 그런데 난 아닌 것 같다. 나는 '한 바퀴만 더!', '1분만 더!' 하며 죽을힘을 다해 버티는 운동이 맞지 않았다. 체력 이상으로 과로하는 습관을 갖고 있는 나는 운동할 때에도 고스란히 그 습관이 발현되는 것 같다. 의지박약이 문제가 아니라 과로를 감지하지 못하는 게 문제다. 특히 남들과 어울려 함께 운동을 할 땐 더하다. 남들에게 휩쓸려 내 체력 이상으로 과로하게 되고 결국 몸살과 운동 포기로 이어졌다. 내 '인생운동'은 그 방향이 아니었던 것이다.

쿨하게 댄스학원의 문을 밀고 들어갔다

그럼 등산이나 만보걷기를 해야 하나? 이건 내 생활 패턴과 맞지 않는다. 옷 챙겨 입고 나갔다가 돌아와 땀 씻고 조금 쉬면 두어 시간이 후딱 간다. 이 정도면 글의 맥이 끊긴다. 게다가 이런 운동은 하루에 1회 이상 하는 건 불가능하다. 위무력증인 나는 밥 먹은 직후에 몸을 좀 움직여줘야 위장이 정상가동된다. 집에서 수시로 짤막짤막 할 수 있는 운동이 없을까?

마음 깊숙한 곳에서 '이때다!' 싶었을지도 모르겠다. 오랫동안 잠재되어 있던 춤에 대한 궁금증이 불쑥 치고 올라왔다. 주 1회 학원에서 배우자. 그리고 집에서 틈틈이 복습하자. 식후마다, 한두 시간마다 엉덩이 떼고 일어나서 댄스 스텝을 밟으면 되지 않을까.

게다가 나는 지루한 반복을 아주 싫어한다. 자전거나 피트니스야말로 반복의 연속 아닌가. 그러나 춤 배우기란 매번 새 동작을 익히는 일이다. 진도를 따라가려면 동작을 외워야 한다. 심지어 지적 호기심까지 살짝 건드려주니 머리까지 즐겁다. 그래서 한국 춤처럼 많이 본 춤 말고, 낯설고 선뜻 시작하기 힘든 댄스스포츠를 이번 기회에 한번 해보자 싶었다. 분석과 선택은 끝났다. 이제 실행! '집필을 위해서'란 명분을 가슴에 담고 '쿨하게' 업무를 처리하듯 동네 댄스스포츠학원 문을 밀고 들어갔다.

사교댄스와 댄스스포츠, 이렇게 달라?

지르박은 댄스스포츠가 아니다

지금 생각해 보니 그때는 정말 아는 게 없었다. 남녀가 쌍을 이루어 추는 춤은 다 같은 건 줄 알았다. 학원 유리창에 '사교, 댄스스포츠'라 쓰여 있어도 그게 그거려니 여겼다. 마치 〈쉘 위 댄스〉의 주인공처럼 어정쩡함과 민망함을 잔뜩 머금은 얼굴로 댄스학원 문을 열고 들어갔다. 선생님한테 가장 먼저 받은 질문은 "사교댄스, 댄스스포츠 중에 뭐 배우실 거예요?"였다.

살면서 깊은 관심을 가지기 힘든 영역이어서 그랬을 것이다. 눈에 많이 띄기는 했다. 1970년대까지만 해도 일간지 하단 광고란에는 '땐'이라는 한 글자만 크게 박은 댄스교습소 광고가 단골로 자리잡고 있었다. 대개 '임질 매독 완치'나 '사람을 찾습니다' 같은 광고들이 빼곡하게 실리는 위치였다. 심심할 만하면 한 번씩, 카바레 불법 영업 때 가정주부들이 잡혀와 장바구니로 얼굴을 가리는 광경이 TV 뉴스에 등장했다. 커플댄스의 이미지는 딱 그 정도였다. 길거리에서 댄스학원이 종종 눈에 띄었지만 음습한 지하, 반짝이 의상, '장바구니 카바레'가 연상되는 그 춤을 종류까지 따지며 생각해 볼 일은 없었다.

〈쉘 위 댄스〉나 〈바람의 전설〉 같은 영화도 봤지만, 그런 영화에서도 커플댄스의 종류에 대한 기본 설명은 없었다. 남자들이 어쩌다가 홀랑 춤에 빠져버린다는 얘기뿐이다. 김운경 작가의 드라마 〈서울의 달〉(〈응답하라 1994〉로 다시 유명해진 〈서울 이곳은〉이 이 드라마의 주제가였다), 〈유나의 거리〉에 나오는 콜라텍의 그 춤이 〈쉘 위 댄스〉 속 그 멋진 춤과 같은 것이라고는 보이지 않았다. 그게 숙련자와 초보자의 차이 때문에 그런 건지, 아니면 춤의 종류가 달라 저렇게 다른 느낌이 나는 건지 잘 구별되지 않았다. 아니, 오래 생각해 보지 않았다는 편이 더 옳다.

결론부터 말하면, 한국에서 사교댄스와 댄스스포츠는 다른 춤을 지칭한다. 사교댄스는 지르박과 블루스로 대표되는 춤으로, 이보다 더 쉬운 리듬짝, 2·4·6 같은 종류도 있다. 지르박이란 이름은 스윙재즈에 맞춰 추는 스윙댄스의 한 종류인 지터벅jitter bug이 변한 말이지만, 미국의 지터벅과는 많이 다르다. 한국에서 크게 변형되고 토착화된 한국식 커플댄스인 셈이다. 블루스는 느린 4박자에 맞춘 춤으로 이 역시 미국 흑인의 음악인 블루스와는 별 상관이 없다. 흔히 콜라텍에서 추는 춤은 대부분 이런 지르박과 블루스로, 노인들도 쉽게 배워 즐길 만큼 간단하고 움직임도 격하지 않다. 서양에서는 댄스스포츠로 대표되는 커플댄스를 사교댄스(소셜댄스)라 칭하므로, 넓은 의미의 사교댄스에는 댄스스포츠가 포함된다. 하지만 우리나라에서는 지르박·블루스 등을 지칭하는 말로 사교댄스의 의미가 축소되어, 댄스스포츠와 사교댄스를 구별해서 쓴다.

댄스스포츠의 종주국은 영국

사교댄스의 움직임은 '걷기'에 가깝다. 2미터쯤의 공간에서 일자로 왔다 갔다 하는 춤이어서 '일자댄스'라고도 한다. 동작도 간단해서 여자는 1개월만 배워도 무도장에서 파트너와 춤추며 놀 수 있다. 중노년 남자는 좀 오래 걸린다. 평생 춤이란 걸 춰보지 않은 사람이 많을뿐더러 여자에게 동작 사인을 주며 리드해야 하기 때문이다. 1개월 배운 여자를 웬만큼 리드하려면 남자는 1년쯤 배워야 한단다. 걷기조차 안 하는 도시인들에겐 이 정도도 꽤 운동이 되고, 파트너와 교감을 하는 운동이므로 일종의 무용치료의 효과를 발휘하기도 한다.

그에 비해 댄스스포츠는 사교댄스보다 어렵고 기본 동작의 수도 많다. 영화 〈쉘 위 댄스〉, 〈바람의 전설〉, TV프로그램 〈댄싱 위드 더 스타〉에 나오는 춤은 다 댄스스포츠다. 종주국은 영국이다. 미국, 유럽, 중남미 등에 존재하던 커플댄스를 영국에서 10개 종목으로 정리해 놓은 것이다. 영국에서 세계적 대회가 치러지고 국제 자격증도 발급한다(〈쉘 위 댄스〉 속 여주인공도 마지막에 영국으로 간다).

댄스스포츠는 다시 둘로 나뉘는데 라틴댄스와 모던 스탠더드댄스(줄여서 모던댄스 혹은 스탠더드댄스)라 부른다. 라틴댄스는 자이브, 룸바, 차차차, 삼바, 파소도블레의 5종목, 모던댄스는 왈츠, 탱고, 비엔나왈츠, 폭스트로트, 퀵스텝의 5종목, 이렇게 총 10종목이다.

영국이 이 모든 춤을 새로 만든 게 아니라 이 춤들의

원조는 각각 다른 나라에 있다. 그러니 전 세계에 댄스스포츠에 포함되지 않는 커플댄스들도 많이 있고, 이름이 같다고 해도 댄스스포츠 스타일과는 다른 경우가 태반이다. 예컨대 살사, 맘보 등은 대표적인 라틴댄스인데도 댄스스포츠 종목에는 포함되어 있지 않다. 미국 스윙댄스의 대표주자인 지터벅은 조금 변형되었고 이름까지 자이브라고 새로 붙었다. 룸바는 쿠바, 탱고는 아르헨티나, 삼바는 브라질의 춤이 원조이지만, 본토의 춤과 댄스스포츠의 그 종목은 이름만 같을 뿐 꽤 다르다. 인터넷에서 그냥 '룸바 동영상'을 검색하면 대개 댄스스포츠의 룸바 동영상이 뜨는데, '쿠바 룸바'라고 검색하면 댄스스포츠와는 아주 느낌이 다른 룸바 동영상이 꽤 뜬다.

모던은 어려워요. 라틴부터 배우세요

댄스스포츠 이외의 커플댄스를 가르치는 곳도 많다. 1990년대에 살사 바람이 불었고 그 후에는 아르헨티나 본토 스타일의 탱고(아르헨티나 탱고, 본토 발음으로 '알헹땅고'라고 하며, 이와 구별하기 위해 유럽에서 정리한 댄스스포츠의 탱고는 콘티넨털 탱고라고 지칭한다)도 유행했다. 살사 동호회, 탱고 동호회라 칭하는 곳은 대부분 댄스스포츠와 무관하다. 서울 홍대 앞이나 강남에는 살사바, 밀롱가(탱고 추는 바)도 몇 곳 있다. 요즘은 지터벅 같은 미국식 스윙댄스 동호인들도 꽤 있는데 주로 20~30대다.

이런 '쌩기초' 지식을 아는 데도 몇 달 걸렸다. 첫날 선생님이 이런 걸 모두 설명해 주지는 않으니까. 하지만 뭐 그게 중요한가. 추는 게 중요하지. 어쨌든 나는 짧은 시간에 효과적인 운동이 필요했으니 사교댄스가 아닌 댄스스포츠를 선택했다. 처음엔 멋모르고 왈츠부터 배우겠다고 했더니 선생님은 고개를 저었다. “모던은 어려워요. 라틴부터 배우세요.” 물론 이건 혼자서 라틴과 모던 양쪽을 다 가르치는 이 선생님의 방식이고, 모던부터 가르치는 학원도 많다. 댄스스포츠의 프로 선수들은 라틴 전공과 모던 전공으로 나뉘고, 이름난 프로 선수 출신 선생님들은 자기 전공만 가르친다. 예컨대 TV 출연이 잦은 박지우·박지은 남매는 라틴댄스 선수 출신이다. 그러니 모던 전공 선생님의 학원에서는 왈츠 배우겠다는 수강생에게 라틴부터 권하지는 않는다.

선생님은 나에게 ‘느린 춤 룸바와 빠른 춤 자이브 중에서 선택하라’고 했다. 나는 운동이 목적이었으니 자이브를 선택했다. 왜 라틴댄스부터 권했는지는 몇 년 후 왈츠를 배우고서야 비로소 깨달았다. 얌전하고 우아하게 걷기만 하면 되는 것처럼 보이는 왈츠가 실제로는 얼마나 어려운 춤인지 나중에야 알았다. 어쨌든 시작은 자이브, 스윙재즈에 맞춰 정신없이 촐랑거리는 춤이었다.

지레 좌절하지 않는 춤추기

거울 모니터, 그 아이러니

돌이켜 생각해 보면 첫 시작이 댄스스포츠 학원이었다는 것도, 선생님의 권고대로 라틴댄스부터 시작한 것도 참으로 다행이었다. 물론 그땐 모르고 한 선택이었다. 댄스스포츠를 선택한 것은 TV에서 〈댄싱9〉을 보다가 '필 받아' 그냥 '지른' 것이었고, 라틴댄스를 선택한 것은 선생님의 권고를 따른 거였으니까. 그런데 배우다 보니 여러 점에서 좋은 선택이었다 싶다.

우선 커플댄스 배우기로 시작하는 것은 초심자가 춤의 세계로 들어가는 데 꽤 유리한 선택이다. 남자랑 추는 게 낭만적이어서? 해외여행에서도 낯선 사람들과 쉽게 어울릴 수 있어서? 천만에! 이건 영화가 아닌 현실이다. 게다가 글쓰기에 에너지를 '몰빵'하고 있는 처지에 그런 심리적 여유는 없다.

내가 말하는 커플댄스의 장점이란 연습 때 거울을 보면서 생기는 스트레스가 적다는 거다. 춤 교습소는 벽면 전체가 다 거울이다. 자기 움직임을 모니터하기 위해서다. 그런데 초심자에게는 그게 아주 큰 스트레스 요인이다. 선생님을 따라 애써 움직이고는 있는데 막상 거울 속 내 모습은 '오 마이 갓!' 엉거주춤도 그런 엉거주춤이 없다. 단체강습일 경우,

내 모습이 다른 사람 모습과 비교될 땐 정말 자존감이 곤두박질친다.

커플댄스를 배울 때도 거울은 필요하다. 이른바 '베이직'이라 부르는 자세를 잡고 걷는 동작을 배우는 기초 연습에서는 반드시 거울을 보면서 해야 한다. 하지만 일단 파트너와 마주 잡고 움직이기 시작하면 거울을 볼 수가 없다. 오로지 나와 파트너의 움직임에 온 신경을 집중시켜야 하기 때문이다.

거울을 보며 자기 모습을 모니터하지 않으면 춤 맵시가 잘 늘지 않을 수도 있다. 하지만 초보자는 거울을 보지 않는 편이 오히려 도움이 되기도 한다. 자기 모습을 보며 지레 위축될 가능성이 적어지기 때문이다. 남한테 보여주기 위한 것도 아니고, 나 즐겁자고 리듬에 맞춰 팔다리 움직이는 건데 좀 엉성하면 어떤가. 처음부터 잘 추는 사람은 없다. 운동 삼아 춤을 배우려는 건데, 거울로 모니터하다가 초기에 지레 좌절하는 건 어리석은 짓 아닌가.

그와 비슷한 이치로, 댄스스포츠는 지인들과 함께 배우는 사람보다 혼자 배우는 사람이 더 오래 지속한단다. 커플댄스는 아직도 불건전하다는 인식이 불식되지 않아 용기를 내지 못하는 사람이 많다. 그러다가 친구 두세 명이 의기투합하면 없던 용기가 솟아난다. 같이 하면 일단 시작하기가 쉽다. 그러나 하다 보면 서로 비교를 하게 되고 그게 또 스트레스 요인이 되고 만다. 그러다 그중 한 명이 탈락하기라도 하면 나머지 사람들도 '그놈의 우정 때문에' 포기하는 경우가 많다고 한다.

경망스럽지만 즐거운 춤

발레 같은 서구의 춤을 먼저 배우지 않고 라틴댄스를 먼저 시작한 것도 좋은 선택이었다. 애초에 발레를 염두에 두지 않은 것은 지적 호기심이 덜 발동해서이기도 했지만 그 괴로운 훈련을 하고 싶지 않아서였다. 발레로 대표되는 서구의 춤은 몸을 꼿꼿이 긴장시키고 고정시키는 동작이 많다(댄스스포츠 중에서도 서구에서 생겨난 왈츠는 라틴댄스에 비해 스트레칭한 몸을 고정시킨 채 움직이는 경향이 강하다). 보기에는 아주 우아하지만 그렇게 버티기 위해 해야 하는 훈련은 장난이 아니다. 젊었을 때 이런 훈련을 하면 자세 교정과 유연성 확보에는 꽤 도움이 될 것 같긴 하다. 가슴을 펴고 어깨를 내리고 척추를 세우고 몸의 균형을 잡는 훈련을 착실하게 시켜주니 다른 춤을 배울 때에도 튼튼한 기초가 된다. 하지만 자세 교정과 균형감은 다른 춤을 배워도 어느 정도는 성취된다. 그렇다면 이 나이에 그렇게 빳빳이 몸을 세우고 근육 당기는 강훈련을 먼저 하고 싶지는 않았다. 무리를 해서라도 해내고 싶어 하는 나 같은 성격으로는 자칫 '오버'해서 다치거나 몸살이 날 수도 있다. 오히려 늙어 경직되어 가는 몸을 푸는 데는 좀 경망스러워 보이더라도 다양한 긴장·이완의 동작을 자주 하도록 만들고 즐겁게 움직이는 춤이 더 효과적이라는 게 내 생각이다.

라틴아메리카에 건너온 아프리카인의 문화에서 배태되어 나온 라틴댄스는 서구의 춤과 달리 시종 골반과 허리를 움직인다. 경망스럽고 야해 보이지만 그동안 전혀 쓰지 않았던 근육을 긴장·이완을 반복하며 고루 움직이도록 만든다. 자이브나 차차차를 한 판 추고 나면 정말 몸이 확 풀린다.

주 1회 교습, 집에서 매일 5~6회 복습

주민센터·문화센터가 아닌 학원에서 개인교습을 받기로 선택한 것도 잘한 일이었다. 주민센터·문화센터 등의 장점은 수업료가 싸다는 것이다. 하지만 댄스스포츠 단체강습에는 대개 여자가 많다. 성비가 안 맞아 몇몇 여자는 어쩔 수 없이 남자춤을 배우게 된다. 그에 비해 학원은 상대적으로 수업료 부담이 높으니 여자 수강생에게는 어떻게든 여자춤을 배우도록 배려해 준다.

당연한 말이지만, 단체교습보다 개인교습이 훨씬 좋다. 물론 비싼 수강료가 부담이긴 하다. 하지만 나는 그 점에서도 운이 좋았다. 내가 선택한 동네 학원은 단체반을 운영하지 않고 오로지 개인교습만 하는 학원이었고, 수강료도 상당히 저렴했다(서울 강남의 개인레슨 가격은 회당 10~20만 원을 훌쩍 넘기니 선택이 쉽지 않다). 단체교습은 한두 번 빠져 진도에서 뒤처지다가 흥미를 잃어 포기하는 경우가 많은데 개인교습은 스케줄이 꼬이더라도 교습시간을 바꾸기가 쉽다.

어떤 종목이든 마찬가지지만 개인교습이란 오로지 내 수준에 맞춘 수업으로 효과적인 교육이 가능해진다. 커플댄스에서는 그 차이가 더 크다. 파트너의 숙련도에 따라 내 춤의 성장이 크게 영향을 받는다. 나도 파트너도 똑같이 초보여서 둘이 함께 엉키면 실력이 늘지 않는다. 그런데 개인교습에서는 파트너가 숙련된 선생님이다. 눈으로는 잘 포착되지 않고 오로지 파트너만이 알 수 있는 섬세한 몸의 움직임을 파트너인 선생님은 빠르고 정확하게 인지하고 문제점을 교정해 준다.

물론 같은 파트너와 계속 춤을 춘다는 단점도 있다. 무도장에 나가면 여러 파트너를 만나고, 사람마다 춤 스타일이 다르고 사인을 주고받는 방식도 차이가 있다. 한 명하고만 계속 추던 사람은 그만큼 순발력과 눈치를 키울 기회가 적다. 하지만 아무리 능란한 파트너라도 뭔가를 가르쳐주지는 않는다. 자기 춤 실력이 좀 높다고 파트너에게 동작을 가르치고 '지적질'을 해대는 건 아주 매너 없는 짓으로 여겨진다. 그러니 개인교습의 장점은 분명히 있다. 예컨대 "손에 힘 빼세요" 같은 지적은 손을 맞잡은 파트너가 선생님일 때만 해줄 수 있는 것이다.

나는 두문불출 집필을 하는 처지이니 주 1회만 나가 배우는 방식이 나쁘지 않았다. 틈틈이 집에서 복습을 열심히 해서 수업의 효율성을 높이기로 마음먹었다. 주 1회 1시간 개인교습 후, 배운 동작을 집에서 10~20분씩 매일 5~6회 복습했다. 밥 먹고 배를 좀 꺼뜨리고 싶을 때, 글 쓰다 허리와 어깨가 뻐근해서 기지개를 펴고 싶을 때 거실에서 스텝을 밟으며 동작을 외웠다. 동작을 다 외워 가니 다음 레슨 때 진도를 빠르게 나갈 수가 있다. 수강료가 결코 아깝지 않다.

댄스복과 댄스화, 드디어 장비를 갖췄다

반짝이 옷, 안 입어도 된다

뭔가를 새로 배울 때 사람들은 장비 구입을 고민한다. 춤을 배울 때도 마찬가지다. 내가 댄스스포츠를 한다 하니 사람들은 대뜸 "그럼 반짝이 옷 입고 춤 춰?"라고 묻는다.

장비 고민은 대개 두 가지다. 첫째는 돈 부담, 둘째는 뭘 얼마나 사야 하는지 감이 잡히지 않는다는 것이다. 나는 일단 장비 없이 시작해 보고 차차 신중하게 구입하는 알뜰족이다. 처음 시작할 때에는 그냥 편한 옷에 편한 신발로 시작했다. 금방 포기할 수도 있는데 처음부터 옷과 신발을 사는 건 무모한 일 아닌가. 편한 옷에 바닥 얇은 운동화를 골라 신고 갔다. 발뒤꿈치를 드는 동작이 편하려면 신발의 윗부분은 물론 밑창까지 부드럽게 휘어져야 하니까. 딱딱한 구두나 바닥 두꺼운 운동화는 금물이다. 그 정도는 안다.

흔히 청바지가 춤추기에도 편한 옷이라 여기는 사람이 있다. 하지만 빽빽한 청바지는 다리를 자유롭게 움직이기에 결코 편한 옷이 아니다. 춤추다 보면 다리에도 땀이 나는데 그때부터 신축성 없는 청바지는 엄청 불편한 족쇄가 된다. 마찬가지 이유로 신축성이 있다 싶은 쫄바지도 막상 입고 춤을 춰보니 다리가 편히 움직여지지 않았다. 자신이 뚱뚱하다고 여기는 사람들은 헐렁한 통바지를 입고 가는 경우가 있는데, 역시 '아니올시다'이다. 수강생의 다리 움직임을 선생님이 눈으로 보아야 가르칠 수가 있기 때문이다. 다리 움직임이 드러나는 슬림 디자인의 옷이어야 한다.

댄스화, 구두를 신고 한 시간을 뛸 수 있다니!

한 달쯤 지나자 슈즈를 사고 싶어졌다. 흔히 '댄스화'라 부르는 댄스스포츠 전용 구두다. 일반 구두보다 부드러워 꺾임이 좋고 발이 편하지만 발레의 티칭화처럼 덧신 수준의 신발은 아니다. 발뒤꿈치 부분은 흔들림이 없어야 하고 끈으로 발목을 꽉 잡아줘야 다치지 않는다. 모양도 고전적으로 얌전하다. 그래서 운동화처럼 펑퍼짐하고 편하진 않지만 구두치고는 아주 편하다.

가장 특징적인 것은 바닥인데, 일반적인 고무 밑창이 아닌 가죽 스웨이드를 붙인다. 고무 밑창에는 미끄러지지 않게 하기 위해 요철이 있는데 이것은 보행에는 좋지만 춤에서 자주 나오는 회전을 하려면 바닥의 저항이 심하다. 흔히 새미shammy(흔히 '세무'라고 발음한다)라고도 부르는 가죽 스웨이드는 적절히 미끄러져 회전하기 좋다. 하지만 물과 오염에 약하므로 외출용으로는 신을 수 없다.

댄스스포츠 여자선수들의 슈즈를 보면 어떻게 저런 하이힐을 신고 춤을 출까 싶을 정도로 굽이 높다. 발목을 꽉 묶으니 그런 동작이 가능하긴 하지만 초심자에게는 쉽지 않다. 나는 평소에도 2~3센티미터의 납작 굽만 신는 사람이니 하이힐은 언감생심이다. 그래서 3~4센티미터의 낮은 굽을 선택했다. 라틴댄스용은 샌들처럼 앞과 옆이 개방돼 있고 모던댄스용은 일반 정장구두 스타일이다. 앞은 막히고 옆은 개방된 라틴·모던 겸용 슈즈도 있고, 구두끈을 매는 남성 슈즈 스타일로 여자 사이즈가 나오기도 한다. 가격은 7만 원대가 가장 흔하고, 서울역 옆 염천교 수제화 거리에 가면 4~5만 원에도 맞출 수 있다. 낡은 건물에 위태로운 층계를 올라 2층 작은 가게, 오로지 댄스화만 직접 만들어 파는 곳에 가면 그 정도 가격으로 가죽 맞춤구두를 살 수 있다. 어떻게 이런 가격이 가능할까 싶었는데, 수제화 장인들의 헐값 공임에 관한 기사를 보고서야 '그래서 그랬구나' 싶었다.

댄스화를 제대로 갖추니 아주 편했다. 특히 회전할 때 좋았고 뒤꿈치도 안정감이 있었다. 무엇보다 놀라운 것은 내가 구두를 신고 뛸 수 있다는 사실이었다. 20대에도 굽이 3센티미터가 채 안 되는 납작한 신발만 신었고, 50대를 넘으면서는 어떤 구두도 불편하다 느낄 정도로 발과 다리 상태가 좋지 않았다. 그런 내가 댄스화를 신고 한 시간을 춤을 추다니 놀라웠다.

모든 구두를 바꿨다

무엇보다도 새 구두를 신을 때마다 고역이었던 발뒤꿈치 통증이 없다. 이건 신세계다! 여자들은 다 알 것이다, 여자 정장구두가 얼마나 불편한지. 나는 구두를 신을 때마다 발뒤꿈치가 까졌고, 그래서 늘 반창고를 갖고 다녔다. 최근 항공사나 공항 면세점 여직원들의 험악한 발 사진을 기사로 본 적이 있다. 강수진처럼 세계 정상의 발레리나도 아닌데, 발에 새겨진 고통의 흔적은 강수진 못지않아 보였다. 휴식 없이 딱딱한 바닥에 서서 일하느라 그런 지경에 이른 것이지만 불편하기 짝이 없는 여자구두도 한몫한다. 구두 많이 신는 여자들의 발뒤꿈치는 거듭되는 상처에 두툼한 군살이 생겨 있고, 좁은 볼 때문에 발가락이 겹치고 무지외반증이 생기며 뼈마디에 옹이가 있는 경우도 흔하다.

그런데 희한하게 댄스화는 처음 신을 때부터 뒤꿈치가 아프지 않았다. 나는 아직도 그게 의문이다. 왜 다른 구두는 이렇게 만들지 않을까? 볼도 약간 넉넉해서 앞부분이 그렇게 꽉 조이지 않았다. 이후 나는 구두를 모두 바꾸었다. 염천교 가게에 가서 무난한 디자인에 낮은 굽의 댄스화를 맞추고, 바닥에 고무창을 붙여달라고 주문했다. 일반 외출용으로 주문한 것이다. 운동화보다 편하지는 않지만 그래도 정장을 해야 하는 자리에 갈 때 구두 때문에 피 나고 아픈 발뒤꿈치에 신경 쓰는 일에서는 확실히 해방됐다.

댄스복 바지와 티셔츠의 편안함

댄스화를 산 지 2개월쯤 지나 댄스복 바지를 샀다. 인터넷 쇼핑 사이트에서 쉽게 구할 수 있는 걸 보니 댄스 인구가 많긴 많은 모양이다 싶었다. 공연용 의상을 갖추려면 수십만 원이 들지만 그냥 간단한 디자인의 연습용 바지는 2만 원이하로도 살 수 있다. 까만 나팔바지 스타일을 골랐다. 댄스복 바지를 입으니 세상 편했다. 일반 바지에 비해 엄청나게 신축성이 강해 다리를 크게 움직여도 걸리적거리지 않는다. 진작 사 입을 걸 싶었다.

그러고 다시 2개월쯤 지나 드디어 댄스복 상의를 샀다. 상의를 사는 일에는 좀 더 망설임이 컸다. 공연용이 아닌 연습복들도 모두 반짝이가 붙어 있었기 때문이다. 입어볼 생각조차 해본 적 없는 디자인이다. 그러나 희한하게 춤을 배운 지 5~6개월쯤 되자 그런 옷을 입을 수도 있겠다 싶어졌다. 여름이 되니 반팔의 편안한 티셔츠가 필요했고, 무엇보다 댄스복 바지를 입어보니 상의까지 갖추어야 더 편하게 연습할 수 있을 것 같았다. 가장 단순한 디자인의 까만 셔츠를 골랐다.

와! 엄청 편했다. 신축성은 물론이고 몸을 크게 움직여도 옷이 들뜨지 않았다. 팔을 높이 올려도 밑단이 기어 올라가 허리가 드러나는 불상사가 없다. 춤출 때 신경 쓰이지 않도록 만든 옷인 셈이다. 게다가 안쪽에는 망사가 덧대어져 있어서 땀을 흘려도 옷이 척척 달라붙지 않았다. 몸에 적절히 밀착되어 파트너 손에 옷이 걸릴 일도 없었다(가오리 같은 소매의 옷은 자칫 파트너에게 방해를 줄 수 있다). 왜 굳이 댄스복을 갖춰 입어야 하나 싶었는데 입어보니 이해가 됐다. 그래서 결국 나는 시작한 지 6개월 만에 모든 장비를 갖추게 됐다. 다 합쳐도 10만 원 정도였지만 그래도 이제 장비 때문이라도 금방 그만둘 수 없게 됐다.

댄스복 상의까지 모두 갖춰 입고 나타난 날, 선생님은

활짝 웃으며 말했다. "환영합니다. 드디어 댄스의 세계에 들어오셨군요!"

댄스스포츠의 종류를 알아보자

댄스스포츠

서유럽 백인의 춤, 미국·중남미 춤을 바탕으로 영국에서 10종목으로 정리했다. 비유하자면, 유럽과 미대륙 곳곳의 원조 맛집의 음식을 가져다가 영국이 재정리하고 레시피를 표준화하여 프랜차이즈 본점을 차린 격이다.

라틴댄스 5종목

— 자이브: 미국 스윙댄스인 지터벅('지르박'이란 말이 여기에서 유래했다)을 바탕으로 한 춤. 스윙재즈에 맞춰 추는 촐랑거리는 춤.
— 룸바: 쿠바의 룸바 음악을 바탕으로 한 춤. 라틴댄스 중 가장 느리고 끈적끈적 움직인다.
— 차차차: 룸바와 흡사하나 훨씬 빠르고 경쾌하다. 차차차 혹은 느린 맘보 음악에 맞추어 춘다.
— 삼바: 브라질 삼바를 바탕으로 한 춤. 무릎 굴신을 많이 써서 역동적이며 음악도 강렬한 금관악기를 많이 써서 에너지가 넘친다.
— 파소도블레: 라틴댄스 중 유일하게 미대륙과 무관하다. 스페인 춤과 투우사 동작 등을 바탕으로 한 춤.

모던댄스 5종목

— 왈츠: 모던댄스의 기본. 느린 3박자에 맞춘 우아한 춤.
— 비엔나왈츠: 왈츠와 비슷하나, 왈츠보다 두 배쯤 빠르고 회전이 많은 춤이다. 〈푸른 도나우강〉 정도의 속도에 맞추어 춘다.
— 폭스트로트: 왈츠와 비슷하나, 2박자에 맞추어 추는 춤. 우리나라 트로트 가요가 여기에서 이름을 빌려왔지만 음악적으로는 거의 무관하다.
— 퀵스텝: 이름대로 정신없이 빠르게 발을 놀리는 2박자의 춤이다.
— 탱고: 아르헨티나 탱고를 바탕으로 재정리된 춤. 모던댄스 중 왈츠와 가장 거리가 먼 춤이다.

2부.

비명을 지르는 근육들을 달래며

댄스스포츠 1. 라틴댄스

"히트 더 로드, 잭", 팔짝팔짝 뛰는 자이브

초보에게는 빠른 춤이 쉽다

배워보니 왜 초보자들에게 자이브부터 권하는지 알겠다. 라틴댄스가 모던댄스보다 쉽고 라틴댄스 중에서도 자이브가 얼추 따라가기는 제일 수월하기 때문이다. 앞서 라틴댄스 중 자이브가 빠른 춤, 룸바가 느린 춤이라고 설명한 바 있다. 흔히 사람들은 빠른 춤이 더 어렵다고 생각하지만, 꼭 그렇지만은 않다. 춤을 느리게 춘다는 건 그만큼 움직이지 않는 듯 움직이는 정중동의 섬세한 동작이 많다는 뜻이다. 느리게 움직이면 균형 잡기 역시 만만치 않다. 흔들거리고 비틀거리고 난리도 아니다.

댄스스포츠에서도 그렇다. 룸바가 느린 춤이라 해도 골반과 보디(몸통)의 움직임을 약간이라도 흉내 내지 않으면 아예 춤이 되질 않는다. 차차차는 룸바의 변형이니 룸바를 먼저 배우는 것이 순리다. 삼바는 템포가 빠른 데다가 계속 무릎으로 바운스(굴신)를 하며 보디를 함께 운용하는 것이 쉽지 않다. 물론 자이브에서도 역시 골반과 보디의 움직임이 중요하다. 하지만 처음에는 골반을 움직이는 게 도대체 되지 않는다. 되지 않는 정도가 아니라, 어떻게 저렇게 하는지 감도 안 잡힌다. 하지만 그게 안 되더라도 자이브를 아예 못 배울 정도는 아니다. 그냥 빠른 스윙재즈 음악에 박자를 맞춰 발을 움직이기만 하면 일단 진도는 나갈 수 있다.

팔짝팔짝 촐랑촐랑

자이브란 춤이 뭔지, 감이 잘 안 잡히는가? 댄스스포츠 중에서 빠른 스윙재즈, 초기 로큰롤 부류의 음악에 맞춰 추는 빠른 커플댄스면 백발백중 자이브다. 〈무한도전〉에서 유재석이 배웠던 촐랑거리는 춤 말이다. 영화 〈바람의 전설〉 중 가장 인상 깊은 장면, 이성재가 처음 춤을 배우겠다고 찾아간 허름한 연습실에서 허리가 다 꼬부라진 할아버지 선생님(김병춘 분)이 추는 춤을 떠올리는 게 더 빠를지도 모르겠다. 커피에 설탕을 넣으며 손을 덜덜 떨고 비틀비틀 걷던 박 노인이 소녀 연습생이 들어와 "할아버지! 준비 됐어요"라며 스탠바이하자 갑자기 허리를 쭉 펴고 빠른 음악에 맞춰 현란하게 발을 움직이던 바로 그 반전의 장면 말이다. 그 춤이 자이브다. 이성재와 박솔미가 〈히트 더 로드, 잭Hit the road, Jack〉이란 유명한 음악에 맞춰 자이브를 추는 장면도 꽤 길게 나온다(이 노래는 아예 주제가처럼 쓰인다). 노래 가사대로 "땅을 박차고 떠나자!"라고 소리칠 만큼 경쾌하고 신나는 춤이다.

무엇보다 자이브는 계속 팔짝팔짝 뛰도록 만든다는 점에서 좋았다. 자이브에서 가장 많이 나오는 스텝이 '샤세chasse'인데 쉽게 말해 투스텝이다. 한 발을 내딛고 다른 발을 거기에 붙인 후 다시 첫 발을 내딛는 것, 즉 제식훈련에서 '걸음 바꿔 가!' 할 때의 걸음이라고 생각하면 이해하기 쉽다. 투스텝이란 어쩔 수 없이 뒤에 있던 발을 앞으로 빠르게 당기고 그 힘으로 반대편 발을 내딛어야 하니 동작이 빨라질 수밖에 없다. 그런데 자이브에서는 이를 팔짝팔짝 뛰면서 하도록 만든다.

민망해 말고 크게 움직이자

물론 처음 배우는 사람들은 뛰지 않고 그저 걷는 것처럼 움직이는 경우도 없지 않다. 뛰는 게 쉽지 않은 70대 노인이 이렇게 걷기 동작으로 춘다면 그건 아마도 육체적인 이유에서일 것이다. 하지만 체력적으로는 이 정도 뛰는 게 가능한 50~60대인데도 이렇게 추는 사람이 적지 않다. 동작을 크게 하는 것이 민망해서다. 아니, 이렇게 크게 움직여본 경험이 없어서 자기도 모르게 동작이 작아지는 것이다. 자기 딴에는 크게 움직였다고 생각하지만 그저 평소보다 조금 더 크게 움직였을 뿐, 춤으로 보자면 턱도 없다. 그러니 민망함을 떨치고 더 과감하게, 더 크게 움직여야 한다.

생전 춤이란 걸 추지 않았던 내가 춤에 빨리 적응한 것은 과감히 크게 움직이는 것을 두려워하지 않았기 때문이라 생각한다. 춤을 배운 지 한 달쯤 되었을 때, 나보다 두어 달 먼저 들어와 배우던 내 또래 여자 수강생이 내가 연습하는 모습을 보더니 "어머, 발이 번쩍번쩍 들리네!"라고 놀라워했다. 내가 보기에 그분은 여전히 뛰지 않고 걷는 것처럼 보였다(자기는 뛰고 있다고 생각했을지 모르지만 말이다).

연극이든 춤이든 공연예술은 다 그렇다. 처음 시작할 때 정교하지만 작고 아담하게 움직이던 배우와 거칠지만 큼직큼직하게 움직이던 배우, 이 둘 중 좋은 배우가 될 확률은 단연 후자가 높다. 일단 동작을 크게 하면 반복연습을 통해 큰 동작을 다듬으면서 작고 정교하게 만드는 것은 쉽다. 하지만 애초부터 작게 몸에 밴 동작을 크게 만드는 건 훨씬 어렵다. 30년을 연극평론가이자 연출가의 아내로 살면서 많은 배우들의 성장을 보아온 경험에 의하면 그렇다. 내가 기억하는 경우만 보더라도, 정진영, 이선균의 20대 초중반의 연기는 아주 크고 거칠었다. 그래서 그들은 선 굵은 연기도 할 수 있는 좋은 배우로 성장한 것이다.

나는 대학 때 연극반 경험이 있어서 그런지 몸을 크게 움직이는 것에 대한 민망함과 두려움이 그리 크지 않다. 연습실에서는 되든 안 되든 처음부터 몸 사리지 않고 과감하게 움직일 수 있다. 하지만 첫날 몇 번 샤세 동작을 해보니 '어! 이게 아닌데' 하는 생각이 금방 든다. 선생님과 나의 움직임 모양이 너무 다르다. 크게 움직일수록 발과 다리가 어떤 경로로 움직이는지 정확하게 보이고 선생님과 나의 차이가 금방 눈에 띄었다. 그런데 선생님은 그 차이를 상세히 설명해 주지 않았다. 그냥 일단 움직이란다.

선생님에 따라 가르치는 방식의 차이가 있다. 발의 스텝을 먼저 가르치는 분이 있고, 발은 물론 보디의 움직임과 손동작까지 함께 가르치는 분도 있다. 내 선생님은 한 동작을 가르칠 때 발의 방향과 보디의 움직임까지 모두 정확하게 가르치는 스타일은 아니다. 일단 박자에 맞춰 발을 떼어놓는 것을 중시한다. 왕초보는 그저 몇 동작의 진도를 열심히 나가는 게 더 효과적이라고 생각해서 그런 것 같다.

한 시간을 폴짝거리니 몸이 풀린다

선생님은 5년이 지난 지금에 와서야 자이브의 몇몇 동작을 조금 섬세하고 정확하게 하도록 다듬어주고 있다. 내가 "왜 처음부터 이렇게 정확하게 가르쳐주지 않았어요?"라고 투덜댔더니 선생님의 대답은 이랬다. "처음부터 그렇게 가르치면 어렵다고 다 도망가요. 일단 늪에 빠뜨려놓고 어느 정도 움직일 만큼 되면 그때 다시 건져서 다듬어야지." 물론 댄스스포츠를 전문으로 할 연습생인 경우에는 다르단다. 아주 간단한 동작이라도 정확한 형태로 할 수 있을 때까지 '아이고, 죽겠다' 소리가 나올 정도로 반복한다. 하지만 나 같은 일반인들까지 그럴 필요는 없다는 게 선생님 생각이었다. 파트너 붙잡고 음악에 맞춰 즐겁게 움직이도록 만드는 게 우선이라는 것이다.

여하튼 처음에는 꽤 답답했다. 선생님이 설명해 주지 않으니 집에서 인터넷으로 동영상을 찾아봤다. '자이브 베이직' 같은 검색어를 치니 훈련 동영상이 주르륵 떴다. 발을 옆으로 디딜 때 반대편 무릎까지 발을 올렸다 디디는 것을 반복해서 연습하게 하는 걸 보고 나니 감이 조금 잡혔다. 발 디딤새 동작이 커졌고 폴짝폴짝 뛰기도 덜 민망해졌다. 그렇게 한 시간 폴짝거리고 나면 몸이 확 풀린다. 일단 운동은 확실히 되겠다 싶었다.

커플댄스에서 파트너는 어떤 사람?

연습을 이틀 쉬면 파트너가 안다

내 몸을 움직이는 데 남의 도움을 받는다니, 아주 신기한 경험이다. 그래도 명색이 연극평론가였으니 배우의 연기가 상대편 배우와 호흡을 어떻게 주고받느냐에 따라 완전히 달라진다는 건 잘 알고 있다. 손뼉도 마주 쳐야 소리가 난다는 말이 있지 않은가. 두 명이 연기를 하는데, 한 배우가 리액션을 엉망으로 해버리면 다른 한쪽은 완전히 연기를 망친다. 싸움 장면의 액션은 말할 것도 없다. 양쪽의 합을 맞추는 것이 핵심이다.

판소리 소리꾼도 고수(북잡이)와의 호흡이 필수다. 고수가 소리꾼 골탕 먹이는 건 식은 죽 먹기라고 한다. 힘을 주어 치고 올라가야 하는 대목에서 북이 맥을 빼버리거나, 반대로 이완을 해야 할 곳에서 이상하게 긴장을 시키면 소리꾼은 자기 흐름을 잡지 못하고 완전히 망쳐버린다. 음이 '삑사리'가 나고 심지어 당황하여 잊어버리기까지 한다. 관객은 누가 잘못했다고 생각하겠는가. 북장단의 흐름까지 따르르 꿰고 있는 귀명창이라면 모를까, 보통 관객이라면 당연히 소리꾼이 실력 없다고 생각할 것이다. 그리 되면 소리꾼은 아주 억울하다.

무용하는 사람들은 '연습을 하루 쉬면 내가 알고, 이틀 쉬면 파트너가 알고, 사흘 쉬면 관객이 안다'는 말을 자주 한다. 연습의 중요성을 강조한 말인데 '파트너가 안다'는 말이 참 흥미롭지 않은가. 자기 몸의 아주 작은 변화를 함께 춤추는 파트너가 바로 알아차린다는 것이다.

밀고 당기는 맛

커플댄스를 배워보니 그걸 몸으로 실감할 수 있었다. 댄스스포츠 중 라틴댄스는 파트너와 한쪽 손을 잡았다 놓았다 하면서 춤을 춘다. 모던댄스의 홀드hold 자세는 남녀가 몸통을 밀착시킨 상태를 유지하는 것이다. 그에 비해 라틴 댄스는 남녀의 몸이 20~30센티미터 정도 떨어진 상태의 홀딩을 기본으로 한다. 한 손은 파트너의 손을 잡고, 다른 한 손은 파트너의 팔 윗부분을 잡는다. 그 상태에서 비교적 서로 몸을 자유롭게 움직이며 때때로 손을 놓기도 하면서 춤을 춘다. 자이브도 마찬가지다.

게다가 모든 커플댄스는 남자가 리더leader, 여자가 팔로어follower다(이런 고정적 성역할이 아주 기분 나쁘지만, 어쨌든 커플댄스의 세계에서는 그렇게 정해져 있다). 따라서 남자가 밀고 당기는 동작에 여자의 동작은 크게 영향을 받는다. 아니, 이 말은 아주 정확한 말은 아니다. 남자의 리드는 여자를 억지로 당기거나 밀어 움직이는 게 아니고, 여자 역시 끌려가는 게 아니다. 남자는 손과 몸의 텐션으로 사인을 주고, 여자는 스스로의 힘으로 움직여야 한다. 여자가 남자에게 지나치게 기대어 자기 몸의 균형을 무너뜨리면 안 되는 것이다. 남녀 파트너는 서로 몸으로 텐션을 주고받는 상태를 유지하면서 함께 합을 이루어 움직인다고 하는 말이 정확하다. 하지만 몇몇 동작에서는 남자가 확실히 밀거나 당기는 방식으로 사인을 주는 경우도 있다. 그런 동작에서는 남자가 밀 때 확실히 밀어줘야 하고 당길 때 확실히 당겨주어야 여자가 춤을 추기 편하다. 밀고 당기는 맛, 그거 아주 중요하다.

예컨대 자이브의 초반부에 배우는 아메리칸 스핀American spin이라는 동작이 있다. 여자가 왼발을 든 채 오른발만으로 360도 팽그르르 도는 동작이다. 뭐, 여자 혼자 힘으로도 돌 수는 있다. 그런데 자이브에서는 남자가 왼손을 뻗쳐 마주 서 있는 여자의 오른손을 밀어준다. 당연히 여자의 스핀은 훨씬 쉬워진다. 남자가 여자 손을 제대로 밀어주지 않거나 여자가 팔의 텐션을 잃어 남자가 밀어주는 힘을 제대로 받을 준비가 되어 있지 않으면 스핀은 맥이 빠져버린다. 뉴욕 스프링스New York springs 동작은 남자가 당겨주지 않으면 여자 혼자 움직이기가 아주 뻘쭘한 동작이다. 남자가 여자를 잡은 손을 채어 올리듯 확 끌어올려주어야만 여자는 그 힘으로 스프링처럼 폴짝 뛸 수 있다. 라틴댄스의 대부분, 아니 어찌 보면 커플댄스의 기본 원리가 이렇게 몸을 팽팽한 긴장으로 채워서 서로 밀어주고 당겨주며 움직이는 것이다.

있어야 할 때 꼭 있어주는 짝꿍

인간사에서, 필요할 때 옆에 있으면서 적절하게 도움을 주는 것, 손발의 합을 맞추는 것이 얼마나 중요한 일인가.

그럼에도 불구하고 결코 쉽지 않은 일이다. 결혼한 여자들은 흔히 '남편이란 인간은 필요할 때만 되면 꼭 옆에 없다'고 말한다. 얼마나 공감이 큰 말이면 보험회사 광고 카피로 쓰이겠는가. 부모자식 사이, 친구 사이, 일을 함께 하는 동료 사이가 다 이렇다. 내가 다니던 학교의 총장은 사무국장이 바뀐 지 한 달 만에 사석에서 누가 들을세라 목소리를 낮추어 이렇게 말했다. "세상이 완전히 달라 보여요." 손발이 맞지 않는 사무국장과 일하느라 그동안 얼마나 힘들었는지, 그 말 한마디로 충분했다.

파트너와 텐션을 유지하며 주고받는 것, 이건 나로서는 아주 오랜만에 하는 재미있는 경험이었다. 내 직업은 글쓰기이고 그것은 오로지 혼자 힘으로 하는 일이다. 40대 중반까지는 그래도 학교 연구소에서 멤버들과 손발 맞추며 일한 적이 있지만, 그래도 글을 쓰는 것은 혼자 면벽수도 하듯 해야 진도가 나간다. 학교를 그만둔 후 십수 년 동안은 오롯이 혼자 일하는 방식이었다. 운동경기로 치면 마라톤이나 다를 바 없다. 아무도 도와줄 사람이 없고 글은 잘 나가지 않아 점점 지치는데 컴퓨터 화면에서 커서만 깜빡깜빡할 때의 막막함, 그건 겪어본 사람만 안다. 하지만 난 이렇게 혼자 일하는 게 함께 일하는 것보다 낫다. 아마도 나는 네트워킹하며 함께 일하는 것에 스트레스를 많이 받는 타입인 모양이다. 그러니 외롭고 괴롭지만 혼자 하는 일을 선택한 것일지도 모른다.

그래서일까. 춤을 추며 파트너의 도움을 받는 경험은 내게 아주 신선했다. 내가 꼭 필요할 순간에 꼭 필요한

액션을 취해주는 존재, 심지어 내가 움직일 방향을 적절히 알려주는 존재라니! 게다가 내 파트너는 선생님이다. 초보자인 내가 개떡같이 움직여도 숙련된 파트너가 찰떡같이 알아서 최상의 합을 맞춰주고 있다. '혼일'(혼자 일하기) 취향의 나에게도 이런 욕망이 있었던 모양이다. 댄스스포츠는 마음 깊숙이 숨어 있던, 남과 손발·호흡을 맞추어 움직이고 싶은 욕망을 채워주고 있었다.

그래서 인간에겐 놀이와 예술이 필요하다

마음속 깊이 이런 욕망이 있으니 일상에서도 이렇게 누군가와 손발을 맞추는 방식으로 살아보면 어떠냐고? 천만의 말씀. 예술은 예술, 삶은 삶이다. 둘은 닮아 있지만 다르다. 일정한 규칙과 한정된 범위를 정해놓은 놀이나 예술에서나 합을 맞추기 편한 것이지, 어디 현실이 그렇던가. 춤에서 호흡이 잘 맞는 사람이니 현실에서도 그럴 것이라고 착각해서 이성적 호감을 가지기 시작하면 흔히 우려하는 '사고'가 나는 거다.

마찬가지로 현실 속에서 합을 잘 맞추고 살던 부부가 함께 커플댄스를 배우다가 합이 안 맞아 싸우는 경우도 많단다(대개는 여자가 빨리 배우는 반면, 남자가 진도를 잘 따라오지 못해서 싸움이 벌어진다. 이런 부부가 댄스파티에 가게 되면 아내가 남편을 놔둔 채 다른 파트너와 춤을 즐기고 자존심 상한 남편은 삐지기 십상이다). 부부가 함께 춤을 배우는 게 아주 낭만적으로 보이지만 댄스스포츠 고수들은 부부가 절대로 하면 안 되는 것이 바로 '운전 가르치기'와 '같이 춤 배우기'라고들 말한다. 정 함께 추고 싶으면 남편과 아내가 따로 배운 후 가끔 함께 추는 것이 낫다고 조언한다.

내가 춤을 배우면서 합이 잘 맞는 즐거운 경험을 할 수 있었던 이유는 간단하다. 내 허점을 다 파악하고 찰떡같이 맞춰주는 선생님 파트너 덕분이다. 못 보고 지나갈 것 같은 작은 실수까지 모두 알아차리고 지적해 주며 적절히 대응해 준다. 나야 편하지만 선생님은 개떡같이 움직이는 나 때문에 얼마나 힘들 것인가.

그래서 인간에겐 놀이나 예술이 필요한 것일 게다. 손발이 착착 맞을 때의 기쁨을 느껴보고 싶은 욕망, 그러나 현실에서는 좀처럼 실현되지 않는 욕망, 이걸 춤에서나마 잠시 충족시켜 볼 수 있으니 말이다.

유리 멘탈이 아니라 유리 보디인 거 같아!

이렇게 어깨를 펴본 게 언제적이던가

도대체 이런 데도 근육이 있었단 말야? 대개 운동을 처음 시작하면 이런 소리를 하게 된다. 전혀 의식해 보지 않았던 곳의 근육이 뻐근하고 시원하게 아파온다. 별로 크게 움직인 거 같지도 않은데 그렇다. 그동안 몸이 얼마나 딱딱하게 굳어 있었으면 이럴까 싶다.

자이브를 배울 때도 여러 번 그랬다. '어깨를 이렇게 펴본 것이 백 년 만인 거 같아!' 소리가 절로 나왔다. 오른쪽 어깨 통증은 꽤 오랫동안 고질병이었다. 흔히 오십견이라고 하는 증상이다. 팔을 구부린 채 가슴께 이상으로는 잘 올릴 수가 없었다. 스웨터를 벗다가, 팔을 뒤로 돌려 자동차 기어를 작동하다가 아파서 '악' 소리를 지르는 일이 늘었다. 움직일 때마다 어깨 관절 부위에서 버걱버걱 소리가 났다. 석회화 증상이란다. 40대 중반부터 그랬다.

나처럼 목과 어깨 부분을 구부리고 일을 해야 하는 사람들에게 흔히 나타나는 일종의 직업병이다. 정치학자 이수인 교수를 생전에 뵌 적이 있는데, 허리는 꼿꼿한데 등의 윗부분이 굽어 있는 것을 보고 적잖이 놀란 기억이 생생하다. 그때 그분 나이는 불과 50 정도였다. 남들이 보기엔

나도 그렇게 굽어 있었을까? 잘 모르겠다.

통증을 풀어보려고 혼자서 어깨를 돌리고 체조를 해보기도 했지만 잘 낫지 않았다. 그게 하루이틀의 문제던가. 게다가 바쁘던 그 시절에 체조로 긴 시간을 쓸 수도 없었다. 부황을 붙여 사혈을 해보기도 했다. 초기에는 한 번 어혈을 뽑고 나면 한 달은 괜찮았다. 하지만 몇 달 후부터는 그마저 듣지 않았다. 몇 년 후에는 6개월 이상 한의원에 다녔다. 침을 맞으면서 꽤 완화되기는 했지만 여전히 거수경례 동작은 잘 되지 않았다.

그러다 춤을 배우니 억지로라도 어깨를 펴는 동작을 하게 되었다. 처음에는 윈드밀windmill 동작 정도에서도 어깨가 시원해졌다. 윈드밀은 풍차 동작으로, 남녀가 양손을 마주잡고 가슴이 맞닿을 정도로 팔을 옆으로 쫙 벌리면서 시계방향으로 도는 동작이다. 파트너의 도움으로 내 팔을 끝까지 벌리니 어깨와 가슴이 시원해졌다.

서클 워크 앤드 스텀프circle walk and stomp 동작은 더 시원했다. 남녀 모두 양쪽 팔을 옆으로 쭉 뻗어 오른손을 파트너의 오른쪽 견갑골 위에 대면 마치 남녀의 어깨가 긴 장대 하나로 연결된 모양새가 된다. 그 상태로 시계방향으로 돌다가 남자가 여자를 그 방향으로 던지듯 빠르게 뿌리치고 여자는 그 힘으로 한 바퀴를 돌게 된다. 이 동작은 가슴과 어깨를 펴지 않을 도리가 없도록 만든다. 처음 이 동작을 했을 때 어깨에서 우두둑 소리가 날 정도로 시원했다. 와우!

춤 연습에 난데없는 복통

그동안 내 몸은 얼마나 굳어 있었던 걸까. 그러니 조금만 건드려도 이렇게 바로 티가 났던 것이다. 물론 이렇게 시원해지는 경우만 있었던 건 아니다. 꽤 황당한 경우도 있었다. 룸바를 처음 배울 때였다. 며칠 동안 오른쪽 아랫배 한 부분에 찌릿찌릿 통증이 느껴졌다. '어, 이게 뭐지?' 싶었다. 남편에게 통증 부위를 가리키며 "혹시 맹장염인가?" 하고 물었다. 남편은 무성의하게 쓱 보더니 한마디로 일갈했다. "무슨 맹장이 그렇게 아래쪽에 붙어 있냐?" 아, 맞다. 맹장치고는 너무 아래쪽이었다. 그럼 뭘까?

남편이 또 한마디 했다. "혹시 새로운 댄스 동작 연습한 거 아냐?" 그런가 싶어 생각해 보니, 컬curl이라는 동작의 준비 자세를 하느라 오른쪽 다리를 발등과 발가락까지 쭉 뻗는(이런 발모양을 포엥point이라 한다. 춤 용어는 프랑스어가 많다) 자세를 많이 취하긴 했다. 이 정도 발을 뻗었다고 아랫배가 찌릿거린다고? 설마… 어쨌든 한 일주일 지나자 그 증상은 사라졌다.

그런데 몇 주 뒤에 다른 증상이 나타났다. 이번에는 왼쪽 아랫배가 찌릿찌릿한 것이다. 왼편에 맹장이 있을 리는 없지 않은가. 댄스 후유증이란 남편 진단이 맞았다. 왼쪽 발을 포인 자세로 하는 동작을 많이 한 후에 나타난 증상이었다. 혼자서 키득키득 웃다가 내 자신이 한심해졌다. 얼마나 몸이 굳어 있었으면 이렇단 말인가.

그다음에도 새로운 춤을 배울 때 몸에 특정 증상이 나타나는 일은 종종 있었다. 왈츠를 처음 배울 때에도 그랬다.

왈츠 같은 모던댄스의 홀딩 자세는 라틴댄스와 아주 다르다.
윗배 부분을 완전히 쫙 펴서 파트너의 배에 밀착시킨다.
가슴 부위는 파트너와 10센티미터 이상, 얼굴은 30~40센티
미터 이상 벌리는 자세를 취한다. 당연히 남녀 모두 상체를
뒤로 젖혀 활처럼 휘어지는 자세를 취하게 되는데,
남자보다는 여자가 더 많이 뒤로 젖히는 것이 보통이다.
볼 때는 아주 우아하고 아름답지만 정작 해보면 정말 힘들다.
춤을 추는 동안 이런 자세를 계속 유지해야 하기 때문이다.

이번에는 왼쪽 배의 중간과 윗부분에 통증이 왔다.
아랫배가 찌릿거릴 때보다는 훨씬 통증이 강했다. 룸바 초기
때 겪어봤으니 왈츠 후유증일지도 모른다고 생각했다.
하지만 위장과 비장 부근이라서 혹시나 다른 병이 아닐까
걱정을 살짝 하면서 며칠 동안 모임도 삼가고 조신하게
쉬었다. 아니나 다를까. 사나흘 지나니 통증이 가라앉았다.
왈츠 후유증이 맞았다.

한심한 몸의 상태를 확인하다

몸이 지나치게 예민하다는 걸 인정할 수밖에 없다. 생각해
보니 몽골 여행 때 2시간 승마에도 후유증이 있었다.
말을 타고 뛴 것도 아니고 그저 타박타박 걸었을 뿐이다.
그런데 저녁을 먹은 후 싸르르 복통이 왔다. 일찌감치
담요 뒤집어쓰고 잠을 청했다. 아침에 깨어보니 복통은
사라졌고 많은 양의 설사를 했다. 그리고 끝이었다.
분명 체한 것은 아니었다. 그러니 원인은 말 타기라고
볼 수밖에 없다. 말 타기가 장을 뒤흔들어놓은 결과였다.

룸바와 왈츠의 복통까지 겪고 나자 몽골의 승마 후유증까지 모두 한 사슬로 꿰어져 이해되었다.

참, 이것도 몸이라고! 요즘 젊은이들은 작은 외적 자극에도 마음이 흔들리는 사람을 '유리 멘탈'이라 부른다. 포커페이스나 강심장들과 달리 마음이 유리처럼 약해서 마음의 흔들림이 바로 얼굴에 드러나는 사람 말이다. 이런 날말 만듦새로 말한다면 나는 '유리 보디'인 모양이다. 이렇게 작은 자극에도 몸이 민감하게 반응을 하니 말이다. 유리처럼 깨지기 쉽고 탄력성이라고는 조금도 없는 상태의 몸을 가진 것이다.

유난히 소화기가 약하니 복부의 내장이 예민한 것은 사실이다. 하지만 태어날 때부터 이렇게 탄력성이 없었겠는가. 발끝 포인 자세 몇 번 했다고 복통이 온다는 게 말이 되는가 말이다. 가뜩이나 허약한 복부가 운동 부족으로 굳을 대로 굳어 있었으니 이런 증상이 나타나는 것이다. 그래도 이것을 확인했다는 것이 얼마나 다행인가. 춤을 안 췄으면 '유리 보디'인 줄도 모르고 살다가 나중에 큰 병을 얻은 후에야 알았을 터이니 말이다.

룸바, 끈적끈적 관능적인 사랑의 춤

자이브를 끝내고 룸바로

자이브는 빠르게 진도를 나갔다. 주 1회 4개월 정도에 기본 춤(루틴rutin이라 한다) 70개 이상의 동작을 다 배운 것이니 엄청나게 빠른 속도다. 진도를 빨리 나간다고 누가 상 주는 것도 아니지만 어쨌든 집에서 복습을 하니 진도는 빨라졌다. 대개 사람들은 한 회 레슨에 한 동작을 배운단다. 어려운 동작은 몇 회를 거듭해야만 익힌다. 한 번 배웠더라도 일주일 후에 까맣게 잊어버리고 오기 십상이다. 그런데 나는 집에서 글을 쓰면서 수시로 연습을 했다. 아니, 연습을 할 수밖에 없었다. 위장이 무기력한 나는 밥을 먹고 바로 글을 쓸 수가 없다. 걷고 움직여야 위장이 움직여 소화가 된다. 밖으로 나가 돌아다니면 글의 맥이 끊어지니 집에서 할 수 있는 일은 춤 연습밖에 없다. 하루에 너덧 번씩 복습을 하니 일주일 후면 자연스레 동작이 외워졌다.

약간 어려운 동작을 가르치고 난 일주일 후, 선생님은 그 동작을 틀리지 않고 하는 나를 보고 “뭐야, 단번에 해버리잖아? 그럼 오늘 또 새로운 동작을 배워야겠네요”라고 말했다. 그다음부터는 한 회 레슨에서 서너 개의 동작을 가르쳐주셨다. 물론 그렇다고 동작의 모양이 예쁘게 나오진 않는다. 선생님은 그건 요구하지도 않았다. 그저 틀리지 않고 발을 움직이는 것, 딱 거기까지다.

두 번째 종목은 룸바였다. 한 종목 루틴을 끝내고 나니 성취감이 솟았다. 룸바로 넘어가면서 본격적으로 춤추는 재미가 업그레이드되고 몸도 제대로 풀리기 시작했다. 룸바는 느린 4박자 음악에 맞춰 추는 춤으로, 라틴댄스 중에서 가장 우아한 춤에 속한다. 아니 '우아'하면서도 '섹시'하다고 말하는 편이 옳을 수도 있다.

자이브는 시종 뛰어야 하지만 룸바의 스텝은 걷는 동작이다. 음악으로 치면 룸바 혹은 보사노바의 속도에 맞추는 것이니 뛸 수가 없다. 그런데 결코 쉽지 않았다. 처음부터 이거 배웠으면 지레 포기할 뻔했다 싶을 정도다.

아, 워킹 어려워!

자이브와 달리 룸바는 워킹 연습부터 시작했다. 발 모양은 팔자걸음인데, 발끝을 땅에서 떼지 않고 질질 끄는 것처럼 움직여야 한다(쿠바에 끌려온 흑인 노예들의 춤인데, 발목에 채운 쇠사슬이 무거워 발을 질질 끄는 동작에서 룸바의 스텝이 나왔다는 통설이 있다). 게다가 한 발 뗄 때마다 골반의 좌우로 무게중심을 계속 이동시키는 방식이다.

일상적 걸음걸이에서는 골반의 무게중심을 중앙에 둔 채 발만 이동시키는데, 라틴댄스에서는 내딛는 발에 골반의 무게중심을 완전히 옮기고, 또 다른 발을 디디면 그쪽으로 완전히 옮겨놓는다. 그러면서 몸은 살짝 눕힌 8자(∞)를 그리듯 움직인다. 그러니 당연히 엉덩이가 실룩실룩하는 모양이 된다. 와우! 걸음걸이부터 엄청나게 끈적끈적 관능적이다.

사실 자이브 역시 라틴댄스이므로 골반을 많이 흔들고 추어야 한다. 하지만 초보 때는 그게 불가능하므로 선생님도 그걸 요구하지 않았다. 하지만 룸바부터는 다르다. 룸바에서는 네 박자 중 마지막 반 박자, 즉 '하나둘, 둘둘, 셋둘, 넷둘'의 마지막 '둘'에서 골반을 옆으로 툭 치는 히프 무브먼트hip movement가 특징이다. 앞으로 나가는 동작을 할 때에도 뒤에 있는 다리를 쭉 뻗고 히프가 뒤로 빠져 있게 마련이다. 남미 출신 선수들이 룸바를 추는 동영상을 보면 허리와 엉덩이의 에스S라인이 어찌나 격한지 꼬리뼈 위에 찻잔 올려놓는다는 말이 나올 정도다.

물론 워킹을 배우는 단계부터 정확한 골반 움직임을 요구하지는 않는다(초반에 "골반을 어떻게 이동시켜요?" 라고 묻자 선생님은 "벌써 골반 쓰시려고?"라고 되물었다. 걸음마 배우는데 뛰려고 하지 말라는 뜻이다). 하지만 그냥 걷는 건 아니었다. 선생님이 한 손을 잡아주는데도 천천히 똑바로 걷는 것이 왜 그렇게 어려운지! 일자걸음을 걸어왔던 내가 팔자걸음으로 걷는 것도 힘이 드는데 발을 바꿀 때 양 무릎과 발목을 스치듯 교차하고 골반까지 움직여야 한다. 비틀비틀 몇 주 동안 걷기 연습만 했다. 사실 워킹은 지금도 잘 안된다. 모든 게 그렇듯 기초 동작이 가장 쉽고도 어렵다.

관능적인 사랑의 춤

그런데 동작을 하나둘 배우기 시작하니 의외로 재미가 있었다. '와! 이제 좀 춤추는 거 같아!'란 생각이 들었다. 자이브의 동작이 남녀 모두 경쾌하게 촐랑거리는 것에 비해 룸바는 남자와 여자의 동작 느낌이 아주 다르다. 여자 동작이 부드럽고 화려하고 관능적이라면 남자는 여자의 움직임을 적절히 뒷받침해주는 식이다. 남녀가 끈적끈적 움직이며 같은 동작으로 호흡을 맞춘다. 여자가 회전과 함께 남자의 품으로 안기다가 바로 그 품으로부터 벗어난다. 때때로 여자가 남자의 등 뒤에 바짝 붙어 따라가기도 하고, 남자가 여자의 손을 낚아채어 격하게 끌어당기기도 한다. 느리지만 격정적인 사랑의 동작들이다. 흔히 '여성스럽다'라고 여겨지는 몸짓을 평생 해보지 않고 살아온 나로서는 그렇게 관능적인 여성적 표현을 몸으로 드러내보는 재미가 있었다. 민망하지 않냐고? 무슨! 아무리 글쟁이라 할지라도 내가 평생 살아온 곳이 연극판이다. 그런 동작에 민망해 쭈뼛거릴 정도의 숙맥은 아니다.

룸바를 배우면서 계절은 봄에서 여름으로 넘어가고 있었다. 바지 연습복이 덥다고 느껴졌다. 치마 연습복을 샀다. 무릎 정도의 검은 플레어스커트, 아주 단순하고 얌전한 스타일이지만 어쨌든 룸바는 치마를 입고 추고 싶었다. 내친 김에 댄스화도 바꿨다. 여태껏 남자 신발 디자인의 슈즈를 신고 있었는데, 여성 정장구두 같은 디자인으로 새로 맞춰 신었다. 굽이 낮고 볼도 넉넉해서, 여성화 스타일이라도 춤추는 데는 전혀 불편하지 않았다.

골반을 돌리니 어깨가 풀렸다

부드럽게 곡선으로 움직이는 룸바를 배우면서, 고질병인 오십견이 해결되기 시작했다. 양팔을 옆으로 펴서 부드럽게 움직이고 골반을 8자처럼 꿈틀꿈틀 돌리면서 옆으로 걷는 사이드스텝을 연습하자 10년 동안 굳어 있던 어깨가 풀리기 시작한 것이다. 당연히 처음에는 허리와 함께 팔을 움직이자 굳어 있던 어깨가 아프고 동작이 잘 되지 않았다. 그런데 몇 주 반복하자 우두둑 소리가 나면서 조금씩 어깨가 풀리기 시작했다.

여태껏 나는 어깨가 아프면 어깨만 움직여 풀려고 했는데, 어깨는 옆구리, 척추, 골반 등과 다 연결되어 있었고 그것들이 함께 움직여야만 해결되는 것임을 깨달았다. 몸통 전체가 굳어 있는데 어깨 부위만 열심히 주무르고 돌리고 찜질한다고 해결되겠는가. 치료를 하면 조금 낫는가 싶다가도 위아래 옆의 다른 근육이 굳어 있으니 어깨 근육도 금방 다시 굳어지기를 반복했던 게 아닐까 싶다.

집에서 수시로 하는 스텝 연습도 룸바가 가장 좋았다. 밥 먹은 직후에는 무조건 룸바부터 췄다. 룸바 음악 틀어놓고 루틴을 처음부터 배운 데까지 연습하면 뱃속이 편안해졌다. 뛰지 않고 느릿느릿 걷는 동작에 골반과 몸통을 거쳐 팔까지 고루 쓰니 위장도 긴장을 풀고 부드럽게 움직여졌다. 그렇게 땀도 살짝 나고 위장의 긴장도 풀어놓은 상태에서 자이브나 차차차 같은 빠른 춤을 연습했다.

한국 춤에서 몸을 푸는 것은 굿거리장단에 맞춘 춤이다. 두 손을 머리 위로 들고 굿거리에 맞춰 슬슬 걷듯이 움직이는 동작을 한두 시간쯤 반복하다 보면 저절로 발 디딤새와 무릎 굴신屈身을 하는 한국 춤의 기본 몸짓이 나오면서 몸이 확 풀린다. 내게는 룸바가 딱 그런 몸풀이 춤이었다.

아기자기한 차차차와 역동적인 삼바

〈노랫가락〉에 '차차차'라니!

난 어렸을 때 '차차차'가 우리나라 국악 리듬인 줄 알았다. 1960년대에 밤마다 술집에서 아저씨들이 젓가락 장단에 "노세 노세 젊어서 노세 / 늙어지면 못 노나니"로 시작하여 "얼씨구절씨구 차차차 / 지화자 좋구나 차차차 / 화란춘성 만화방창 / 아니 노지는 못하리라 차차차"로 끝나는 노래(황정자가 1962년에 부른 〈노랫가락 차차차〉)를 목청껏 구성지게 부르는 것을 들었기 때문이다. '얼씨구절씨구'와 마치 한 몸처럼 착 달라붙어 '차차차'가 따라 나오니 당연히 굿거리나 세마치 같은 우리 장단인 줄 알았던 것이다.

한국대중가요사를 본격적으로 연구하면서 비로소 차차차가 라틴음악의 리듬 혹은 춤이란 걸 알았고, '얼씨구절씨구'와 '차차차'를 붙여놓은 그 기막힌 조합에 혀를 내둘렀다. 그제야 살펴보니 1950년대엔 이런 노래가 한둘이 아니었다. 아직도 스포츠 경기장에서 응원가로 쓰이는 〈닐니리 맘보〉는 〈닐리리야〉에 라틴음악 맘보를 결합한 것 아닌가. 〈코리안 맘보〉, 〈도라지 맘보〉, 〈아낙네 맘보〉까지 별별 맘보가 다 대중가요로 히트할 때였다. 해방 후 미군과 함께 들어온 춤음악이 낳은 산물인데, 흔히 라틴음악이라

칭하는 아프로쿠반Afro-cuban 음악의 미국 최고 전성기가 1950년대였음을 생각하면 놀랄 만큼 빠른 유입과 정착이다. 그 차차차를 내가 추게 될 줄이야.

적당한 속도에 화려한 동작, 차차차

댄스스포츠 10종목 중 우리나라 사람들이 가장 많이 추는 것은 라틴댄스에서는 자이브와 룸바, 모던댄스에서는 왈츠와 탱고다. 댄스스포츠학원마다 이 네 종목을 써 붙여놓을 정도로 일반적이다. 거기에 하나를 덧붙이라면 단연 차차차를 꼽아야 한다.

차차차는 자이브와 룸바의 중간쯤 되는 춤이라고나 할까. 룸바처럼 쿠바에서 발생했다고 한다. 적당히 빠른 속도에다 화려한 골반 움직임이 결합된 춤, 그래서 아기자기하고 재미있다. 동작은 룸바 동작을 변형해 놓은 것이 많은데, 음악을 듣다 보면 장단의 마지막에 '차차차' 하는 가사 혹은 악기 소리가 나고 그에 맞추어 발을 투스텝 방식으로 움직이는 게 특징이다.

그런데 그게 그냥 투스텝이 아니다. 앞으로 걸어갈 때에도 몸은 앞을 향해 가면서도 엉덩이와 발은 오른쪽을 향했다가 왼쪽을 향하는 식으로 허리를 팍팍 틀어야 한다. 이렇게 골반과 허리를 화려하게 돌리면서 투스텝으로 움직이니 발을 꼬았다가 푸는 동작이 많다. 그래서 사람들은 대개 차차차를 배울 때 발이 꼬인다고 힘들어한다. 하지만 그래서 아기자기하고 재미있는 것이기도 하다.

룸바 처음 배울 때처럼 특별한 통증은 없었냐고? 있었다!

이번에는 양 발목 아킬레스건 아래쪽이 1~2주 동안 뻐근하게 아팠다. '차차차' 하는 리듬에 맞춰 앞으로 혹은 뒤로 걷는 록lock 스텝이 기본 워킹인데, 이때 뒷발이 앞발의 아킬레스건 부근을 치는 경우가 많기 때문이다. 이번엔 당황도 안 했다. 원인이 아주 명백했기 때문이다. 이번에도 당연히 시간이 지나자 통증은 사라졌다.

삼바, 쉽지 않네

여기까지 다 배우고 난 사람들이 '더 출 것 없나?' 하다가 배우는 게 삼바다. 삼바 음악은 타악기와 금관악기의 소리가 강하고 사람들을 흥분시킬 만큼 아주 역동적이다. 브라질의 삼바 축제가 워낙 유명해서 삼바의 고향이 브라질이라는 것을 모르는 사람은 거의 없다. 하지만 사람들은 그 화려하고 야한 의상만 기억한다. 그건 카니발이니 그렇게 입는 것일 뿐이다. 물론 모던댄스에 비해 라틴댄스 의상은 노출이 많다. 모던댄스에서는 서구의 야회복인 턱시도와 긴 이브닝 드레스를 입는(그래서 치마가 발에 밟히기 십상이다) 것에 비해, 동작이 큰 라틴댄스는 다리를 드러낸 짧은 치마를 입는 것이 보통이고, 그중 삼바 의상은 더 노출이 많다. 왜 저렇게 벗고 출까 생각했었는데, 춤을 배우고 보니 삼바의 몸동작이 저토록 격렬하니 저런 의상과 어울리겠구나 싶기도 하다.

삼바 춤의 특징은 매번 발을 디딜 때마다 굴신 동작, 즉 무릎을 구부렸다 펴는 바운스를 주는 것이다. 스텝을 밟을 때마다 쿵덕쿵덕 하는 식으로 무릎으로 바운스를 만든다.

그러니 음악만큼이나 춤도 역동적이다. 템포는 빠르고, 룸바나 차차차와는 동작의 형태가 많이 다르고, 그러니 당연히 난이도가 높고, 그래서 무도장에서도 웬만한 사람들은 삼바를 출 생각을 못 한다고 한다. 아마 그래서였을 것이다. 선생님은 삼바 루틴은 절반 정도만 가르쳐주셨다. 너무 어려운 동작과 신체접촉이 많은 동작은 빼고 난이도가 낮은 동작만 배웠다.

무릎 바운스가 역동적인 삼바

그래도 재미도 있고 생각할 거리도 꽤 있는 춤이었다. 스텝마다 굴신하는 디딤새는 그리 낯설지 않아 바로 따라 할 수 있었다. 그런데 나보다 나이가 좀 많은 분들은 이걸 아주 어려워한다는 걸 나중에 알게 됐다. "이거 어려워요? 왜 우리, 1970년대 고고춤 출 때 다 이렇게 췄잖아요?"라고 했더니만 60대 분이 일갈을 한다. "우리 땐 트위스트밖에 없었어!" 하긴, 1970년대 초에 초등학생였던 나는 이 동작을 아주 쉽게 따라 했는데 나보다 여섯 살 위인 언니는 아무리 해도 안 된다며 고개를 갸웃거렸던 기억이 난다.

삼바의 보타 포고스bota fogos 동작이 1980년대 디스코 춤에서 많이 쓰던 동작이란 것도 바로 느낌이 왔다. 당시 디스코장을 드나들던 후배들이 가끔 술자리에서 이런 춤을 추는 것을 보고 입을 떡 벌렸던 기억이 나는데, 지금이라면 나도 출 수 있겠다 싶다. 남자가 여자를 팔 안에 말아놓았다가 옆으로 팽개치듯 던지면 여자는 한 바퀴 팽그르르 돌아 팔을 벌리고 서는 동작을 반복하는, 마치 뮤지컬 영화에서나 보던 환상적인 롤링 오프 디 암rolling off the arm 동작도 삼바에서 해볼 수 있었다.

아마 룸바를 거치지 않았다면 차차차나 삼바는 도저히 따라 할 수 없었을 것이다. 특히 삼바를 출 때에는 스텝마다 굴신을 주면서 동시에 골반을 계속 굴리고 흔든다. 이 불가사의한 동작이 어쨌든 된다는 게 신기하다. 룸바와 차차차를 거치며 착실히 1년을 버틴 결과다. 롤링 오프 디 암의 빠른 회전 역시, 이전 같으면 생각도 못 했을 동작이다. 아무리 파트너가 손을 잡고 있다 할지라도 그렇게 강하게 밖으로 던지면 아마 바로 균형을 잃어버리고 넘어졌을 것이다. 아니 그보다 먼저, 굳어 있던 어깨가 삐끗했을 수도 있다. 그러나 이제는 빠르게 돌면서 머리카락을 휘날리는 게 아주 기분 좋다. 회전이 이렇게 역동적이고 즐거운 거구나 싶다. 어깨도 '노 프로블럼'이다.

와우! 라틴음악이 들리기 시작한다

춤은 음악을 몸으로 노래하는 것

최근 어느 예능프로그램에서 작곡가 유희열이 이런 말을 한 적이 있다. 자기는 곡을 써놓고 제대로 됐는지 안 됐는지 검토하기 위해서는 처음부터 연주를 해본단다. 그런데 박진영이나 싸이는 춤을 춰본단다. 새로 작곡한 노래에 맞춰 춤을 춰봐서 괜찮으면 통과, 어색하면 고쳐 쓴다는 것이다. 유희열은 서울대 작곡과 출신이다. 서양 근대음악을 기본으로 배웠다. 춤에 따라붙는 리듬이 아닌, 선율과 화성을 중심으로 사고하는 음악이다. 그에 비해 박진영과 싸이는 댄스뮤직이 그들의 본령이다. 그러니 작곡도 춤을 추면서, 춤에 맞춰서 하는 것이다. 음악을 춤으로 이해하는 사람들이다. 춤은 목소리가 아닌 몸짓으로 노래하는 것이다. 음악이 미세하게 달라져도 춤은 바로 달라질 수밖에 없다. 춤을 추면서 그걸 몸으로 실감하게 됐다.

나는 『한국대중가요사』 같은 책을 쓰는 연구자다. 어릴 적부터 노래를 좋아했고 직업 때문에라도 노래를 많이 들어왔다. 그런데 내가 청소년 시절에 푹 빠졌던 노래는 포크송, 즉 서양의 백인음악 전통에 있는 노래들이었다. 재즈나 록 같은 흑인음악 계보의 음악은 상대적으로 낯설다.

즉, 박진영이나 싸이보다는 유희열 쪽인 것이다. 그래서 백인의 음악 전통과는 거리가 있는 아프로쿠반 음악, 즉 라틴음악엔 그리 익숙하지 않았다. 리듬보다는 선율이나 화성의 맛과 구조의 탄탄함으로 승부하는 백인음악이 익숙하고, 맘보, 삼바, 룸바, 차차차, 보사노바 등 이름도 복잡한 다양한 라틴음악들은 그냥 빠른 음악, 느린 음악 정도로만 구별될 뿐 각각의 양식이 선명하게 구별되어 들리지 않았다. 그런데 춤을 배우다 보니 이제 몇 가지 리듬은 분명하게 구별할 수 있게 되었다. 와우! 운동으로 시작한 건데 귀까지 열리다니, 예상치 않은 소득이다.

대개 춤을 처음 배울 때에는 선생님의 구령에 맞추어 연습한다. 그러다 그 동작이 익숙해지면 음악에 동작을 맞추게 되는데, 보통 다른 사람들은 이 단계로 넘어가는 것을 아주 어려워한단다. 음악 들으랴, 오른발 왼발 생각하랴 바로 '멘붕'이 되는 것이다. 그런데 나는 이게 별로 어렵지 않았다. 7박이나 11박 같은 아주 복잡한 박자도 아니고, 그냥 2박자나 4박자를 따박따박 꼽으며 나아가는 정도라면 그냥 '껌'이다.

오히려 나는 음악의 흐름과 춤의 흐름이 어긋나는 대목이 있을 때 힘들어한다. 예컨대 보통 평범한 노래들은 네 마디가 한 소절을 이루는 경우가 많다. 4박자 노래라면 4-4-4-4로 16박이 한 소절이다. 그런데 자이브는 2-2-2의 6박자로 움직이는 대목이 많다. 4박자 노래에 맞추어 춤출 때에는 두 번째 마디를 절반을 잘라서 들어야 하는 게 나는 아주 불편하다. 4박자 음악의 선율이 어떻게 흘러가든 그저 모두 2박자로 분절해서 들으며 넘어가야 하는데, 내 귀는 선율의 흐름에 따라 4-4-4-4박자로, 더 나아가 네 마디에서 여덟 마디로 축적되며 만들어지는 구조를 자꾸 떠올리고 있는 것이다. 그러니 자꾸 음악과 춤이 엉킨다. 하지만 그것도 얼마 지나지 않아 적응됐다. 그 정도는 여유 있게 넘길 수준이 되면서부터 본격적으로 음악을 타는 재미를 느끼기 시작했다.

1-2-3-4가 아니라 2-3-4-1

"투, 스리, 포, 원! 투, 스리, 포 앤드, 원!" 룸바나 차차차는 이런 카운트에 맞춰 춤을 춘다. 참 이상하지 않은가? 왜 1-2-3-4가 아니라 2-3-4-1(혹은 2-3-4&-1)이라고 카운트를 할까? 처음 듣는 사람은 꽤나 불편해해서 어떤 선생님은 그냥 '1-2-3-4'로 카운트를 하기도 한다. 도대체 왜 그러는 것인지 어디서도 시원스러운 대답을 듣기는 힘들었는데, 계속 춤을 추며 생각을 하다 보니 대강 짐작이 된다.

내 생각으로는 아프로쿠반, 아프로아메리칸 음악 리듬의 특징적인 '백 비트'가 그 이유인 것 같다. 서양 근대음악은 대개 박자의 맨 앞에 강세를 둔다. 즉, 1-2-3-4에서 1에 강세가 있는 것이다. 초등학교 음악시간에 4박자를 '강-약-중강-약'이라고 외운 게 바로 그거다. 그런데 아메리카 대륙에 흑인문화가 들어와 형성된 음악에서는 앞이 아니라 뒤에 강세를 두는 리듬이 일반적이다. 단순하게 말하면 '약-강-약-강'이 되는 셈이다. 즉, 비트가 백back에 있다.

룸바를 추다 보면 그 카운트가 충분히 이해된다. 4박자인데도, 첫 박에 동작의 액센트가 있는 게 아니라 오히려 맨 마지막 박자의 튕기고 끌어올리는 힘으로 그다음 제1보가 내디뎌진다는 느낌이 강하다. 세 번째 박자에서 끌어져온 흐름이 네 번째 박자, 그중에서도 마지막 반 박자에서 절정에 달한다. 바로 그 박자에 엉덩이를 살짝 튕기는 히프 무브먼트가 놓인다. 이렇게 네 번째 박자의 힘이 크니 거기에 가장 강한 1이란 수를 붙이는 것은 합당하다.

콜라텍에서 춤추기는 다 틀렸구나

리듬과 흐름이 음악마다 이토록 다양하니 나는 이제 콜라텍에서 춤추기는 다 틀린 사람이다. 콜라텍의 손님 대부분은 지르박과 블루스를 추는 사람들이다. 그래서 이런 데서는 한국 대중가요를 트로트 스타일로 편곡한 음악을 틀어준다. 이런 환경에서 댄스스포츠를 추는 사람은 남들 지르박 출 때 자이브를 추고, 블루스 출 때 룸바를 춰야 한다. 뭐, 박자의 수와 속도는 얼추 맞으니 못 출 것은 없다. 하지만 섬세한 리듬의 흐름이 전혀 다르다. 예컨대 블루스 추기에 적합한 음악은 '쿵 딱 쿵 딱'의 트로트 느낌으로 4박자를 치는 곡이다. 그런데 룸바는 '쿵따라락딱 쿵딱 쿵딱' 식으로 잔가락까지 들어간 흐름이 느껴져야만 춤을 추기가 편하다. 느린 보사노바 음악에 룸바를 추는 정도는 참아줄 수 있다. 잔가락이 약간 다르긴 해도 백 비트를 유지하고 있으니까 말이다. 그러나 라틴음악이 아닌 그냥 쿵짝거리는 4박자 음악에는 정말 춤추는 재미가 없다. 자이브도 마찬가지다. 스윙재즈가 아니라 트로트메들리 곡이 흘러나오면 저절로 내 히프도 '관광버스 춤'처럼 움직여진다(이런 고충 때문에 아예 댄스스포츠만 추는 사람을 위한, 콜라텍이 아닌 댄스홀이 따로 있다).

음악이란 게 그토록 민감한 것이다. 내가 음악에 민감하다는 것을 안 선생님은 트로트에 맞춰 사교댄스 배우는 사람과 뒤섞이지 않도록 내 레슨 시간을 배려해 주신다. 까다로운 학생 때문에 우리 선생님, 정말 고생이 많으시다.

〈자유부인〉과 〈맨발의 청춘〉 속 춤의 정체

〈자유부인〉, 엄청 촌스러운 차차차

〈자유부인〉(한형모 감독, 1956)이란 영화를 아는가? 필화 사건까지 일어난 정비석의 소설(1954) 리메이크 영화이다. 전쟁으로 침체된 한국의 대중적 상업영화, 특히 현대를 배경으로 하는 영화가 이 작품의 성공으로 되살아났을 정도로 크게 히트했다. 외제 향수·핸드백을 파는 양품점, 최첨단 댄스홀 풍경, 집에서 춤 연습을 하는 대학생과 교수부인 등 당시 풍속사의 중요한 기록이기도 하다. 연구자로서 이 영화 속의 댄스홀에서 추는 춤의 정체가 꽤 궁금했지만 마땅히 물어볼 데도 없으니 어쩌겠는가. 호기심으로만 묻어두었다.

그런데 댄스스포츠를 배우니 드디어 그 춤이 다시 보이기 시작했다. 교수부인이 대학생 따라간 댄스홀에서는 밴드가 〈체리 핑크 맘보〉를 '맘보왕' 페레스 프라도Perez Prado의 악단을 모방하여 연주하고 있고 쌍쌍의 남녀가 춤을 추고 있다. 남자들은 정장 양복, 여자들은 양장 혹은 한복 차림이다. 도대체 이 춤의 정체는 뭘까? 음악이나 발 움직임으로 보면 차차차의 사이드스텝인 것 같은데, 차차차 맛을 하나도 내지 못하니 마치 왕초보가 자이브의 사이드스텝 연습하느라 투스텝으로 겨우 발을 옮기는 모습과도 비슷하다. 몇 년 후

발표된 박성복 감독의 영화 〈해바라기 가족〉(1961)에서도 부잣집 딸 엄앵란이 댄스파티에서 차차차를 추는데 그래도 〈자유부인〉보다는 좀 자연스럽다.

윤바람을 아시나요?

이런 사교춤이 유입된 것은 일제강점기였지만 영화 〈자유부인〉에 나오는 차차차인지 자이브인지 알 수 없는 그런 종류의 춤은 해방 후 미군 문화와 함께 들어온 것으로 보인다. 1920년대부터 대중 춤의 안무가이자 춤 선생으로 활약하던 윤풍(일명 윤바람. 본명 윤은석)이라는 인물이 있다. 돌아가신 원로 작사가 반야월은 당시 대중 춤의 대표주자가 누구였는지 묻자 바로 "윤풍, 윤바람이란 인물이 있어. 그 사람이 최고야"라고 답했다. 윤풍, 이 끝내주는 이름은 이난영의 남편이자 김시스터즈의 아버지이면서 일제강점기에 재즈를 가장 잘 구사했던 작곡가 겸 가수 김해송이 지어준 것이란다.

1950~60년대를 주름잡던 오락 잡지 『명랑』(1958년 7월호)에는 그의 일대기가 수록된 바 있다. 배재학교를 중퇴하고 러시아인에게 서양 춤을 배워 서커스단원, 기생과 연예인의 춤 선생이 되었다고 한다. 1930년대에 커플댄스에 대한 요구가 새로 생겼는데, 조선에는 댄스홀조차 없으니 배울 데가 없었다('모던 경성'을 다룬 영화나 드라마에 유행처럼 댄스홀 장면이 등장하곤 하지만 사실과 다르다. 오죽하면 「서울에 댄스홀을 허하라」라는 기사가 실렸겠는가). 윤풍은 몇 년 동안 일본과 만주 등지 댄스홀을 돌아다니며

여러 춤을 익혔다. 이후 일본과 한국의 쇼단에서 안무자로 활약하며 대중 춤 영역에서는 '댄스왕'이 되었다.

허가받지 못한 댄스교습소

그런데 해방이 되자 커플댄스의 경향이 또 바뀌었다. 여태껏 왈츠, 탱고, 퀵스텝 같은 춤을 가르쳤는데, 미군을 따라 새롭게 지터벅 같은 춤이 들어온 것이다. 할 수 없이 미군 병사에게 특별 수업료를 내고 춤을 배웠고 그걸 밑천으로 사람들에게 새로운 춤을 가르쳤다. 당시 댄스홀과 댄스교습소는 대개 허가받지 않은 불법 시설이었다. 1950년 일간지에는 그가 불법 교습으로 입건되었다는 기사가 실려 있다.

불법 댄스홀과 불법 댄스교습소를 계속 단속했으나 근절되지 않을 정도로 1950년대 춤바람은 거셌다. 1950년대 커플댄스는 그저 음지의 것만이 아니었고, 마치 영어를 배우듯 새롭게 익혀야 하는 세련된 문화로 취급받았다. 젊은 부부들이 집에 춤 선생을 모셔놓고 교습을 받는 경우도 적지 않았다. 그러다 1961년 5·16 군부정권이 집권하자마자 이것부터 때려잡았다. '퇴폐일소' 이미지를 구축하는 데 딱 좋은 먹잇감이었을 것이다.

불법 댄스홀 영업자뿐만 아니라 그냥 춤을 췄을 뿐인 일반인들까지 구속해서 감옥살이를 시켰다. 언론은 이들에게 '댄스족', '댄스광'이란 딱지를 붙였고, 춤출 수 있는 주점인 카바레는 밤에만 영업을 허용했다(그나마도 여성은 남성 파트너와 동반입장할 경우에만 입장이 허용되었다.

헐!). '장바구니 카바레'의 어두운 이미지는 1960년대 초에 형성된 것이다.

〈맨발의 청춘〉 스윙댄스와 건전한 포크댄스

하지만 춤추고 싶은 욕구를 막을 수가 있으랴. 1950년대에 커플댄스의 맛을 본 중장년들은 돈을 들여 카바레를 찾았고, 1960년대의 젊은이들은 또 새로운 춤을 배워 추기 시작했다. 남녀가 손을 놓고 추는 '트위스트'였다. 이와 함께 지터벅 같은 스윙댄스를 더 잘 추는 사람들도 생겨났다. 신성일·엄앵란 콤비를 탄생시킨 그 유명한 영화 〈맨발의 청춘〉(김기덕 감독, 1964)에는 트위스트김의 춤 장면이 있다. 바의 한 구석에서 젊은이들에게 둘러싸여 스윙댄스의 일종인 린디홉lindy hop(지터벅보다 더 어렵다)을 추는데, 여자를 들어서 머리 뒤로 넘기기도 하고 가랑이 사이로 빼내기도 하는 등 아주 현란한 기교를 보여준다. 둘러싼 젊은이들은 이 춤에 열광하여 손뼉 치고 소리 지르며 트위스트 추듯 몸을 흔든다. 〈자유부인〉으로부터 불과 8년 뒤의 작품인데 정말 괄목상대할 수준을 보여주고 있다.

현란한 스윙댄스도 음습한 카바레 춤도 즐길 수 없었던 '범생이'들은 어떻게 커플댄스의 욕망을 풀었을까. 아무리 정권과 보수적 윤리가 억눌러도 욕망이 새어나오는 구멍은 있기 마련이다. 1960년대에 청년단체를 중심으로 '포크댄스' 바람이 불었다. 남녀가 손잡고 추는 춤이면서도 '건전'을 표방하고 있었다. 블루스처럼 몸을 밀착시키지 않고, 미국 백인문화여서 '아프로Afro' 계열의 춤처럼 골반을 흔들어대지도 않는다. 그래서 YMCA나 흥사단 같은 청년단체, 대학 축제나 초등학교 체육시간에까지 권장되며 널리 퍼져나갔다. 하지만 덜 야할 뿐, 어쨌든 이성 파트너와 손도 잡고 팔짱도 끼고 어깨동무도 하는 춤이다. 처음 보는 파트너의 손을 조심스레 만지작거리며 커플댄스의 욕구를 아주 조금은 만족시켰을 것이다.

리더 – 팔로어의 구분이 없는 고고와 디스코의 시대

물론 1960년대 이후 젊은이들의 대중 춤 경향이 바뀌기는 했다. 손을 잡고 추는 커플댄스보다는 접촉 없이 춤을 추는 트위스트, 고고, 디스코에 더 열광했다. 손을 잡기 시작하면 어쨌든 남자의 리드에 여자가 팔로우해야 하는 강고한 관습에서 벗어날 수 없으니, 성평등과 자유로움이 증진되어 가는 사회의 흐름에 비추어 당연한 일이다. 그래도 이런 춤이 커플댄스의 매력을 완전히 대체할 수는 없었을 것이다. 1988년 서울올림픽을 계기로 댄스스포츠 국제경기가 열리면서 본격적으로 커플댄스가 음지에서 양지로 나오기 시작했고, 1990년대에는 〈더티 댄싱〉(1987)의 황홀한 기억으로 살사댄스를 배우는 사람도 늘어났다. 무엇보다 청소년 문화공간으로 시작되었던 '술 없는 무도장'인 콜라텍이 점차 지르박과 블루스 등 중노년 사교댄스의 공간으로 변화하면서, 대낮에 장바구니로 위장하며 불법 카바레에 드나들던 사람들이 이제 당당하고 합법적으로 춤을 출 수 있게 되었다.

3부.

세상에, 무릎 통증이 사라지다니!

댄스스포츠 II. 모던댄스

왈츠가 이렇게 야한 춤이었나?

춤 배우기는 등산과 같다

댄스스포츠를 배우기 시작할 무렵, 무려 10종목이나 된다는 말에 놀라서 "이걸 언제 다 배워요?"라며 입을 떡 벌렸다. 선생님은 '언제'가 뭐 그리 중요하냐는 표정으로 "춤 배우는 건 등산과 같아요. 포기하지 않으면 누구나 끝까지 올라갈 수 있어요"라고 했다. 단지 얼마나 걸리느냐의 차이가 있을 뿐이란다. 득도의 경지에 오른 현답이다. 나를 가르치는 신현진 선생님은 중2 때부터 댄스스포츠를 배우기 시작했단다. 고등학교를 졸업한 후 줄곧 나 같은 중·노년들에게 춤을 가르쳐왔고 경력이 25년이 넘었다. 그동안 얼마나 많은 사람들에게 그런 질문을 받았겠는가.

선생님 말대로였다. 포기하지 않고 2년 가까이 춤을 추니, 언제 끝날까 싶었던 종목의 기본 춤(루틴)들이 하나둘씩 끝을 드러내고 라틴댄스의 4종목이 얼추 끝났다. 드디어 왈츠의 세계로 들어가게 됐다. 성취감이 솟았다. 기신기신, 허덕허덕 하면서 작은 언덕에 오른 것 같은 성취감 말이다.

왈츠는 일단 음악부터 익숙했다. 1960년대 우리나라 스탠더드팝 여가수들의 우상이었던 패티 페이지(오죽하면

‘패티김’이 있겠는가)의 〈테네시 왈츠〉와 〈체인징 파트너〉, 영화음악으로 익숙한 〈천 일의 앤〉 등의 음악에 맞추어 연습한다. ‘쿵 작 작’ 3박자 리듬도 익숙하니 춤도 별로 어려울 것 같지 않았다.

그러나 웬걸! 왈츠는 아주 어려운 춤이었다. 처음에는 발로 사각형을 그리는 연습을 한다. 일종의 워킹 연습과도 비슷한 거다. 3박자에 맞추어 ‘슬로 퀵 퀵’ 두 번이면 발로 사각형이 그려진다. 이것도 쉽지는 않다. 2번째 박자에서 뒤꿈치를 들었다가 3번째 박자에서 놓는 업·다운 동작을 느리게 해야 하니 자꾸 비틀거린다. 발목 힘이 있어야 하고 발끝으로 서서 균형을 잡을 수 있어야 한다.

엄청 우아해 보이는데 실제는

그런데 여기까지는 약과다. 파트너와 잡는 홀딩 방식이 라틴댄스와는 완전히 달랐다. 라틴댄스는 남녀가 20~30센티미터 정도 거리를 두고 홀딩하며 손을 놓았다 잡았다 하며 춤춘다. 그러니 각자 자기 몸을 자기 마음대로 흔들면서 춤을 추게 된다.

그런데 왈츠를 비롯한 모던댄스에서는 남녀가 몸을 밀착시킨다. 작은 움직임도 파트너에게 바로 전달되며 혼자서 마음대로 움직일 수 있는 여지가 없다. 그렇게 몸을 붙인 상태에서 허리와 가슴을 쫙 펴고 몸을 뒤로 살짝 젖힌다. 시선은 왼편 천장 모서리쯤을 본다. 팔은 수평을 유지하며 적절히 힘을 준다. 춤추는 내내 그 자세를 계속 유지하는 게 관건이다. 처음에는 이렇게 1~2분을 버틸 수가 없다.

그런데 그 불편한 자세로 파트너와 호흡을 맞추어 걸어야 한다. 중심 잡기가 엄청 힘들다. 인간이 오른편으로 발을 뻗는데 어떻게 시선을 왼편에 두고 걸을 수 있나? 어느 쪽으로 움직이든 왼쪽 천장 모서리만 보고 걸으라니, 정말 이상한 몸짓이다.

어려운 점은 또 있다. 몸의 밀착이다. 그냥 손을 맞잡는 정도가 아니라 횡경막 부근의 윗배 부분부터 허벅지 부위까지 파트너와 밀착시킨 상태를 유지한다. 와, 이렇게 스킨십이 심한 춤을, 그렇게 많은 사람들이 즐기고 있단 말야? 그냥 눈으로 보기에는 골반과 엉덩이를 흔들어대는 라틴댄스가 훨씬 야해 보인다. 부드럽게 움직이는 왈츠의 선은 얼마나 우아한가. 그런데 실제 해보면 내숭도 이런 내숭이 없다.

우리나라 여자들처럼 이성과의 신체접촉에 대한 거부감이 큰 문화에서는 정말 쉽지 않은 자세다. 왜 젊은 여자들은 이 춤을 잘 배우지 않는지, 중노년 여자들만 바글거리는지 이해가 됐다. 눈으로 보기에도 야한 아르헨티나탱고나 바차타 같은 춤은 처음부터 몸을 비비작댈 수 있다는 마음의 준비를 하고 시작한다. 그런데 왈츠는 겉으로는 우아하고 정숙하게 보이는데 막상 해보면 낯선 남자랑 배를 마주 대라니 기겁할 노릇 아닌가.

왜 처음부터 모던댄스를 가르쳐주지 않고 라틴댄스부터 시작하라고 권했는지 알 만했다. 선생님은 라틴댄스를 가르칠 때에도 여자 회원들의 마음을 헤아려 동작의 순서를 결정했다. 자이브에 힙범프hip bump라는, 파트너와 엉덩이를 부딪치는 동작이 있다. 배우기는 쉽지만 여자 초보자에겐 거부감이 있을 수 있다. 선생님은 초반에 이 동작을 가르치지 않고 건너뛰었다가 나중에 가르쳐주었다. "거부감이 있을까 봐 건너뛰었는데 좀 지켜보니 아닌 거 같더라고요." 내가 기숙사 사감선생처럼 생겨서 윤리적 엄숙주의자인 줄 알았던 모양이다.

이런 자세로 1분을 버티라고요?

그러나 룸바의 현란한 허리 비틀기도 마다하지 않았던 나로서도 왈츠의 밀착 홀딩은 쉽지 않았다. 머리와 가슴에서 오는 거부감은 차치하고라도 그 불편한 자세를 빳빳이 유지하는 것부터가 정말 힘들었다. 활처럼 상체를 뒤로 젖힌 상태로 몇 분 연습하면 목 근육이 힘들어서 마치 부러진 인형 목처럼 잘 가누어지지 않았다. 남자들도 그 자세를 유지하기가 힘들긴 마찬가지다. 〈바람의 전설〉이나 〈쉘 위 댄스〉에는 나무막대를 가슴께로 올려 들거나 자세를 유지하는 틀을 몸에 장착하고 연습하는 장면이 나온다. 그 자세의 유지가 얼마나 힘들면 그렇게까지 하겠는가.

긴장하며 폼을 잡고 시작하지만 1분을 못 버티고 여지없이 자세가 무너졌다. 선생님은 남녀의 몸이 자석의 N극과 S극처럼 무조건 붙어 있어야 한다고 매 시간마다 여러 번 강조했지만 몸이 따라가지지 않았다. 한 달쯤 지났을까, 선생님은 결국 오른손을 내 등허리께로 내려 억지로 몸을 잡아당겨 밀착시켰다(커플댄스에서 남자의 손은 여자의 어깻죽지뼈 밑으로는 내려가지 않는 게 원칙이다. 허리를 향해 더듬적거리는 손은 성추행으로 간주한다).

내추럴 스핀턴natural spin turn이라는 동작을 하면서였다.
이 정도로 밀착되어야 남녀가 한 호흡으로 회전을
할 수 있다는 의미였다. 해보고 나니 비로소 몸의 밀착이 왜
중요한지 조금 감이 왔다.

매사가 그렇지만 보는 것과 하는 것은 정말 다르다.
발레가 아주 부드럽고 아름다워 보이지만, 사실 그 춤은 서구
근대 공연예술의 가장 중요한 특징인 정면무대에 인간의
몸을 끼워 맞춘 춤이다. 관객이 둥그렇게 둘러앉아 구경하는
게 아니라 모두 같은 방향을 바라보고 있고, 출연자는
한 방향만을 의식하면서 춤을 춘다. 그러니 그쪽 방향에서
볼 때에 가장 아름답게 보이도록 인간의 육체를 인위적으로
비틀어놓은 동작이 많다. 한 동작에서도 가슴, 허벅지,
발등, 머리 등 각 부위가 각각 어느 방향을 향해야 하는지
정해져 있는데, 이 기준은 자연스러움이 아니라 정면에서
아름답게 보이기 위한 것이다. 발레 연습실에 다리를 들어
걸쳐놓는 바bar와 정면을 의식하도록 하는 거울이 반드시
필요한 이유도 그 때문이다.

하지만 선생님 말대로였다. 하다 보니 그것도 늘었다.
그냥 내 페이스대로 하루하루 채워나가자 신체접촉의
불편함도 어느 틈에 사라졌고 천장 왼쪽 모서리만 보고도
걸음을 걷고 회전도 할 수 있게 되었다. 등산처럼 포기하지만
않으면 누구나 끝까지 갈 수 있는 거였다.

남 따라 움직이는 건 처음이라

비버와 나무늘보

사극에서는 세자빈이나 중전으로 간택되어 처음 입궁한 여자들에게 걸음걸이를 가르치는 장면이 종종 나온다. 양 어깨에 사기그릇을 올려놓고 떨어뜨리지 않고 걷는 훈련을 시키는 장면 말이다. 진짜 궁에서 그렇게 가르쳤는지는 알 수 없지만, 하여튼 인간이 몸을 출렁거리지 않고 걷기가 참으로 힘든 것만은 확실하다.

그런데 왈츠가 꼭 그렇다. 선생님은 왈츠를 출 때 '황산을 실은 배'처럼 움직여야 한다고 강조했다. 좌우로 걷고 몸을 위로 세웠다가 아래로 내리는 동작을 하면서도 상체의 모양을 흐트러뜨리지 않고 출렁거리지 않도록 부드럽게 움직여야 한다는 것이다. 엄청나게 멋진 말이긴 하다. 그런데 그게 얼마나 긴장되고 힘든 일이면 이런 비유가 나왔겠는가.

그런데 나한테는 아주 힘든 게 또 하나 있었다. 왈츠 추기는 '나무늘보 되기'란다. 나무늘보는 나무에 매달려서 하루 18시간쯤 자고 아주 게으르게 천천히 움직이는 동물이다. 참고로 내 직장 상사가 나에게 붙여준 별명은 비버였다. 어디서든 부지런히 나뭇가지 자르고 댐을 만들고 집 짓고, 힘들면 숨을 헐떡이면서 나무 위에서 조금

쉬고서는 또 바로 일하는 동물이다. 연구실 방을 옮길 때 다른 사람은 짐 풀고 책꽂이 정리하느라 어수선한데, 나는 이미 중요한 몇 박스를 다 풀고 컴퓨터 앞에 앉아서 글을 쓰고 있었더니 그런 별명을 붙여주었다. 이런 비버에게 나무늘보처럼 움직이라니, 이건 정말 '미션 임파서블'이다.

그냥 동작을 느리게 하는 건 연습하면 할 수 있다. 문제의 핵심은 그냥 '느리게'가 아니라 '남자보다 천천히'다.

몸으로 주는 사인

모든 커플댄스는 남자가 움직임의 사인을 주면 여자가 그 사인을 받아 움직인다. 그래서 프리댄스가 가능해진다. 순서를 정해놓지 않아도, 남자가 어떤 동작을 할 것인지 여자에게 알려줌으로써 둘이 함께 합을 맞춰 움직이는 게 가능해지는 것이다. 그런데 라틴댄스에서는 그 사인이 눈으로 보이거나 손으로 느껴질 정도로 분명하다. 자이브에서 남자가 머리 위로 손을 뻗어 올리면 '스톱 앤드 고' 동작을 하라는 것이고, 남자가 자기 허리에 손을 대면서 돌면 '토 힐 스위블'을 하라는 것이다. 룸바와 차차차에서는 여자가 움직일 방향을 남자의 손가락이 미리 알려준다. 손을 꽉 잡은 상태에서 여자가 방향을 바꾸면 손이 꼬이므로 남자가 손 잡는 형태를 미리 바꾸어줌으로써 여자의 방향전환을 쉽게 해주는 것이다. 방향이란 오른쪽 아니면 왼쪽이니, 손가락의 움직임만으로 남자가 요구하는 방향을 확실히 알 수 있다.

그런데 왈츠는 전혀 다르다. 눈이나 손으로 미리

명확하게 사인을 내리지 못한다. 남녀가 배를 밀착시킨 채 서로 다른 곳을 보고 있기 때문이다. 그러면서도 함께 움직이려면 도대체 뭘로 사인을 주고받을까?

놀랍게도 서로 밀착한 배다. 남자가 살짝 몸통의 방향을 바꾸는 것을 순간적으로 여자가 밀착한 배의 느낌으로 알아채고 눈치 빠르게 거기에 따라가야 하는 것이다. 맙소사! 이게 가능해?

이게 가능하려면 여자는 남자의 움직임을 순간적으로 재빨리 알아채야 한다. 0.1초 만에 알아채야 한다는 게 과장이 아니다. 눈치는 엄청 빨라야 하지만 남자보다 먼저 움직일 수는 없다. 늘 0.1초 늦게 움직여야 한다. 천천히 우아한 왈츠 음악에 몸을 실어야 한다.

남자 눈치를 보고 움직이라니

나는 남 눈치 보는 것, 남 따라가는 것, 그러면서도 남과 호흡을 맞춰 느릿느릿 움직이는 것, 그 모든 게 다 안 되는 사람이다. 나는 원래 눈치가 없다. 거의 빵점 수준이다. 그냥 눈치 보지 않고, 가야 하는 방향이 정해지면 바로 직진한다. 〈꽃보다 할배〉에 나오는 '직진순재' 스타일이 바로 나다. 남보다 먼저 빨리 결정내리고 먼저 움직이는 스타일이다. 리더가 결정하는 것을 따라가야 하는 위치에 있을 때에도 "리더가 결정을 내리셔야 저희가 움직입니다"라는 재촉의 말을 먼저 입으로 뱉어버리는 사람이 나다(굼뜬 사람이 나 같은 사람과 함께 일하면 정말 피곤할 거다. 나도 안다).

루틴(기본 춤)을 배울 때에는 눈치 없이 여자가 먼저 움직이는 게 그렇게 치명적이지는 않다. 동작의 순서가 다 정해져 있기 때문이다. 남자가 사인을 주지 않아도 음악에 맞춰 그다음 동작으로 움직이면 틀리지는 않는다. 문제는 프리댄스다. 남자가 다음 동작을 결정하고 움직이는데 그걸 미리 여자가 알 도리가 없지 않은가. 아주 살짝 몸을 틀거나 살짝 몸을 업up하는 것을 여자가 순간적으로 빨리 알아차려야 한다. 그리고 그걸 알아챌 때까지는 먼저 움직이지 말아야 한다.

왈츠 연습도 일단 루틴을 A코스부터 E코스까지 배우는 것이었다. 라틴댄스에서처럼 그게 끝인 줄 알았다. 그런데 거기서부터 시작이었다. 그다음부터 남자가 무작위로 주는 사인을 받는 연습을 한다. 눈치껏 알아채는 훈련이다.

지나치게 주체적이어서, 찝!

처음에는 사인을 매번 알아채지 못해 두 동작을 이어가지 못했다. 자세가 올바르지 못하니 사인 받는 것이 더욱 힘들었다. 무조건 내 몸통을 남자의 몸통에 붙여야 했다. 그러면서 남자의 손과 팔을 잡은 내 오른팔과 왼팔에 적당한 긴장을 주어야 한다. 몸과 두 팔로 팽팽하게 삼각형을 유지할 때 비로소 남자의 사인을 제대로 알아챌 수 있다. 프리댄스 훈련을 하니 다시 기본 자세의 중요성을 알게 됐다.

그리고 중요한 또 한 가지. 섣불리 짐작하고 먼저 움직이지 말아야 한다. 음악이 흘러가도 남자는 조금 느리게 움직일 수도 있다. 그런데 나는 음악이 흘러가면 그것에 맞춰 그냥 먼저 발을 내딛기가 일쑤였다. 마치 "왜 안 가는 거야?"라며 상대방을 재촉하는 것처럼 말이다. 그럼 춤은 깨어진다.

남자의 훈련은 빠르게 상황을 판단하고 사인을 주는 연습이다. 홀에서 다른 커플이나 벽 같은 장애물과 부딪치지 않게 상황을 파악하며 동작 사인을 주어야 한다. 어영부영 사인을 주거나 타이밍을 놓치면 여자가 알아채지 못하니 정확하게 사인 주는 훈련을 해야 한다. 아마 엄청 힘들 거다. 게다가 파트너가 초보자이거나 기운 없이 남자에게 몸을 의지하면 여자를 떠메고 다니는 꼴이다. 이렇게 춤추고 난 후 남자들은 이렇게 말한단다. "어우, 리어카 끄느라 혼났어."

왈츠를 시작한 지 1년 반 후에

두 동작을 이어가지 못하고 계속 틀릴 때에는 "정말 이게 가능하긴 한 거야?" 싶었다. 그런데 희한하게도 몇 주, 몇 달이 지나면서 두 동작에서 세 동작으로, 다시 너덧 동작으로 연결하며 춤추는 것이 가능해졌다. 남자의 몸통 움직임을 조금씩 알아채고 내 몸도 그렇게 움직일 수 있었다. 나중에는 3분 정도의 한 곡을 거의 틀리지 않고 추게 되었다. 왈츠를 시작한 지 1년 반 정도가 지나고서야 가능해진 일이다.

하지만 제 버릇 개 못 준다고, 지금도 나는 "어디로 갈지 남자 맘이에요. 왜 미리 움직여요?"라는 주의를 자꾸 받는다. 나는 "제가 지나치게 주체적이어서요. 남 따라 움직이는 걸 해보질 않았거든요"라며 웃어넘긴다. 비버와 함께 일하는,

내 주위의 나무늘보들은 얼마나 힘들었을까? 춤을 추면서 내가 어떤 사람인지 새삼 깨닫는다.

톱니바퀴 맞물리듯 돌아가는 탱고

남미의 춤인데 모던댄스?

탱고에 대해 로망을 가진 사람이 많다. 영화에서도 격정적인 사랑의 춤으로 탱고를 많이 배치한다. 빨간 장미를 입에 물고 다가서는 탱고의 여자 무용수는 영락없는 팜므파탈 이미지이다. 드디어 왈츠를 끝내고 이 열정적인 춤을 배울 수 있는 시기가 됐다.

처음부터 갖고 있던 의문이 있었다. 댄스스포츠 10종목을 라틴댄스와 모던댄스로 나누는데, 라틴댄스는 아프로아메리칸·아프로쿠반 계열의 춤, 모던댄스는 서유럽 백인들의 춤에 기초하고 있다는 이야기는 이 책의 서두에서 밝힌 바 있다. 그런데 왜 탱고는 모던댄스에 속할까? 탱고의 고향은 아르헨티나인데. 그럼 라틴댄스에 속해야 마땅하지 않나?

이 질문에 대한 선생님의 답은 비교적 간단했다. 홀딩과 몸을 쓰는 방법이 다르단다. 탱고는 라틴댄스와 달리 남녀가 몸통을 완전히 밀착한 홀딩을 유지한다. 손의 위치가 좀 다르기는 하지만 그래도 모던댄스인 왈츠 쪽에 가까운 것이다. 게다가 라틴댄스에서는 골반 움직임이 중요한데 탱고에서는 골반을 쓰지 않는다. 몸통을 밀착시키니 골반을 화려하게 쓸 수 없는 것은 당연하다. 그러니 라틴아메리카에서 탄생한 춤일지라도 모던댄스에 포함시켰을 것이라는 설명이었다.

격정적인 춤의 매력

이렇게 모던댄스 중 유일하게 남미에서 발원한 탱고는 모던댄스이면서도 라틴댄스의 매력을 가지고 있다. 라틴댄스에서 맛볼 수 있는 독특한 격정의 몸짓 같은 것이 다른 모던댄스에는 없는데 오로지 탱고에만 있다는 뜻이다. 격정이란 별 게 아니다. 부드럽게 움직이다가 갑자기 스타카토처럼 맺고 끊는 동작이 있을 때에 격정적으로 느껴진다. 그저 부드럽고 느리게 늘 그 속도로 움직일 줄 알았던 사랑의 속도, 감정 흐름의 속도가 갑자기 격하게 빨라지는 것처럼 느껴지는 순간이다. 라틴댄스의 룸바가 딱 그렇다. 느리게 움직이는 것 같지만 동작에는 맺고 끊는 마디가 분명하다. 고개를 팍 돌리고 몸통의 방향을 확 바꾸며 매 박자의 마지막에서 골반으로 옆을 툭 치는 히프 무브먼트 동작 같은 것들이 그렇다.

모던댄스인 왈츠에는 이런 동작이 거의 없는데 유일하게 탱고에만 이런 느낌이 있다. 서유럽의 가장 남쪽에 위치해 있고 아랍권 아프리카와 인접해 있는 스페인의 춤에도 이렇게 강렬하게 맺고 끊는 동작이 많은 것을 생각하면, 스페인에서 식민지 아르헨티나로 이어진 동작의 계보가 느껴진다. 방향을 바꿀 때 머리와 몸통을 격하게 돌리는 동작, 남자가 몸으로 여자를 훅 밀어 눕히는 듯한 동작 같은 게 탱고에서 가장 특징적이고 대표적인 동작이다. 회전도 격해서, 남자가 여자를 순간적으로 180도나 270도를 휙 돌리는 동작도 있다. 그래서 아주 재미있고 몸도 많이 풀린다. 그동안 왈츠를 배우느라 몸을 꼿꼿이 긴장되게 유지하는 연습만 했는데 탱고는 이런 격렬한 움직임을 소화하기 위해 때때로 몸의 긴장을 적절히 풀어야 한다.

'하나의 가슴, 네 개의 다리'까지는 아니지만

탱고는 댄스스포츠 중에서도 밀착 정도가 아주 높은 춤이다. 여자의 왼손은 남자의 어깨를 잡는 것이 아니라 겨드랑이 아래를 받치고, 남자의 오른손은 왈츠 때보다 더 아래쪽으로 내려와 여자를 안는 자세를 취한다. 그래야만 그 격한 동작에도 견고하게 홀딩을 유지할 수 있다.

더 기막힌 것은 하체다. 왈츠에서도 남녀가 횡경막에서 허벅지까지 밀착하는 것이 기본이기는 하지만, 탱고는 하체의 밀착 정도가 훨씬 더 심하다. 남녀 모두 무릎을 약간 굽힌 상태를 유지하고 허벅지를 붙인 상태에서 계속 어그적어그적 함께 걷는다. 당연히 남녀의 다리가 서로 얽힌다. 마치 남녀의 몸 전체가 톱니바퀴가 되어 정교하게 함께 맞물려 돌아가고 있다는 느낌이 든다.

혹시 아르헨티나 탱고는 이런 유럽 탱고와 다를까? 배워보지 않아서 자세히 모르지만 동영상을 보면 그도 만만찮은 것 같다. 하체의 밀착은 좀 적은 듯 보인다. 남녀의 다리가 좀 자유롭게 움직인다. 그런데 상체의 밀착은 훨씬 더 심하다. 댄스스포츠의 탱고에서는 마치 왈츠에서처럼 가슴은 밀착하지 않고 상체를 젖히며 시선을 천장 왼편 모서리를 향하는 것이 기본 자세다. 그런데 아르헨티나 탱고는 다르다. 가슴을 거의 밀착하고 그에 따라 남녀의 얼굴 거리도 많이 가까워 뺨이 닿을락 말락 하는 상태가 된다. 흔히 아르헨티나 탱고를 '하나의 가슴, 네 개의 다리로 추는 춤'이라고 하는데, 충분히 그런 말이 나올 법하다. 댄스스포츠의 탱고가 서로 다른 곳을 바라보면서도 기묘하게 스텝을 맞춰 함께 움직이는 '밀당' 분위기의 춤이라면, 아르헨티나 탱고는 완전히 사랑에 푹 빠져버린 연인의 분위기라고나 할까.

힘 있게 밀어붙이는 남자

탱고도 루틴의 양은 만만치 않았다. 무려 F코스까지 있다. 그걸 다 배우고 나면 왈츠 때처럼 프리댄스 훈련을 한다. 왈츠 때 엄청 헤맸던 터라 적잖이 긴장했다. 그런데 웬걸! 왈츠 때보다 훨씬 쉽다. 왈츠를 배우면서 남자의 사인을 받고 0.1초 늦게 움직이는 '나무늘보 습관'을 키운 게 큰 도움이 됐다. 남자의 몸통이 어느 방향으로 향하는지 감지하는 능력이 꽤 생긴 셈이다.

그뿐만이 아니다. 탱고는 왈츠보다 동작이 격렬해서 그런지 남자의 동작 사인도 비교적 강한 편이다. 워크 동작은 절도 있고 힘 있게 밀어붙여 여자가 도저히 뒷걸음질을 치지 않으면 안 되도록 만들고, 록 턴rock turn 동작에서는 여자를 눕힐 듯 강하게 밀어붙여 여자가 몸을 뒤로 젖히지 않을 도리가 없다. 한 발을 축으로 하여 바닥을 비비며

도는 스위블swivel 동작에서도 여자 몸을 강하게 팍 돌려준다. 나처럼 눈치가 둔한 사람도 충분히 알아챌 만큼 강렬한 사인이다. 단지 여자가 몸과 다리에 과도한 긴장만 빼면 된다. 마음을 가라앉히고 몸을 이완시킨 상태에서 밀고 끄는 대로 따라가면 되는 춤이다. 물론 과도하게 주체적인(!) 나는 탱고에서도 "버티지 마시고 몸을 맡기세요"라는 지적을 자주 받긴 했지만 말이다.

오히려 힘든 것은 몸통과 목이다. 왈츠에서처럼 상체를 뒤로 젖힌 자세를 계속 유지하는데 왈츠보다 훨씬 거칠게 밀어붙이는 동작을 소화하려니 한 곡을 추고 나면 등허리와 목이 뻐근하다. 하지만 그거야 자기 몸에 맞게 정도껏 하면 되는 거다. 이런 격렬한 움직임 덕분에 왈츠 출 때 다소 굳어 있던 몸이 확 풀리는 시원함이 있다. 그래서 댄스스포츠 애호가들 중에는 파티에서 여러 춤을 추고 나서도 탱고를 꼭 추어야만 '이제 춤 좀 춘 것 같다'고 하는 사람이 많단다. 충분히 이해가 된다.

탱고까지 추고 나니 신체접촉에 대해서는 좀 무감각해졌다. 적어도 춤 동작으로 강한 접촉을 하는 것은 웬만하면 괜찮다 싶다. 춤을 추자는 건지 추행을 하자는 건지 구별할 수 있으니 말이다. 이쯤 되니 선생님은 미뤄두었던 삼바의 몇 동작을 가르쳐주었다. 삼바 루틴 중에는 밀착의 정도가 심해서 여자들이 부담스러워하는 동작이 꽤 있는데, 라틴댄스만 배울 때에는 그것을 빼놓고 가르치셨다. 그때 나는 그 동작도 배우겠다고 우겼는데 선생님은 한사코 고개를 저었다. 그걸 이제 배우게 된 것이다. "왈츠와 탱고까지 다 배우고 나면 이제 웬만큼 접촉 정도가 심해도 아무렇지 않게 여기거든요. 이거 처음부터 못 배워요." 막상 해보니 역시 쉽지 않다. 밀착 때문에 쉽지 않은 것이 아니라 남녀의 몸통이 한 덩어리로 이리저리 휘어지면서 균형을 유지하며 빠르게 움직이는 동작이라 난이도가 아주 높다. 문제는 밀착이 아니다. 춤은 밀착일 뿐 추행이 아니다.

댄스스포츠 5년의 대차대조표

이제 푹신한 소파가 불편하다

'살기 위해서' 운동 삼아 시작한 댄스스포츠를 5년을 하고 나니 몸이 변했다. 내가 5년이라고 하면 선생님은 250일이라고 우긴다. 햇수로 따질 게 아니라 레슨 횟수로 셈해야 한다는 거다. 그것도 일리가 있는 계산법이다. 월 1회 레슨을 12회 하고 나서 1년 배웠다고 하면 우스운 일 아닌가. 하지만 나는 5년이란 세월이 중요하다고 생각한다. 아무리 열심히 해도 몸이 250일 만에 이렇게 바뀌지는 않을 테니 말이다.

가장 먼저 바뀐 것은 무릎과 등허리였다. 40대 중반부터 툭하면 시큰거렸던 무릎관절염을 친구들은 꽤 걱정했다. 한 친구는 "너 이거 빨리 해결하지 않으면 늙어 죽을 때까지 고생할 거야"라며 진지하게 말했다. 나도 안다. 50대부터 무릎관절염으로 고생한 엄마의 딸이니 나도 그렇지 않으리라는 보장이 없었다. 그런데 이제 무릎 걱정은 사라졌다. 춤을 춘 이후 한 번도 무릎관절염이 재발하지 않았다. 심지어 격하게 계속 뛰는 탭댄스와 무릎을 구부린 채 걸어야 하는 탱고를 추면서도 무릎은 무사했다. 이것만으로도 기적이라 할 만하지 않은가. 이렇게 잘 관리만

한다면 적어도 나는 엄마처럼 80 고령에 인공관절 수술은 안 해도 될 것 같다.

이보다 더 먼저 실감한 것은 등허리에 힘이 생겼다는 점이다. 나는 만성 요통이 있는 사람은 아니다. 하지만 40대 이후에는 어딘가에 앉을 때에는 늘 등을 기댈 곳을 찾았다. 허리를 곧추세울 힘이 없었던 거다. 그런데 춤을 춘 지 반 년이 채 못 되어 이 버릇이 고쳐졌다. 희한하게 허리를 구부리고 앉기보다는 빳빳이 세우는 게 더 편해졌다. 버스나 지하철의 좌석에 앉아서도 허리를 곧추세우는 자세를 유지하게 됐다.

왈츠를 배우면서부터 허리의 힘은 더 강해졌다. 모던댄스가 힘들기는 하지만 몸을 꼿꼿이 세우는 습관을 키워주었다. 라틴댄스 등 다른 춤을 출 때 자세가 좋아졌고 빠른 회전을 할 때에도 안정감이 생겼다. 등허리와 척추가 꼿꼿하게 버텨주지 않으면 빠른 회전 동작에서는 여지없이 휘청거리게 된다.

당연히 일상에서도 몸통의 균형감이 높아졌다. 등허리에 힘이 생기니 푹신한 소파에 앉는 것이 불편해졌다. 바닥에 앉는 음식점에서 회식을 할 때 으레 후배들이 벽 쪽의 좌석을 양보하곤 했었는데, 이제는 내가 사양한다. 가부좌 자세로 허리를 세우고 앉는 것이 가장 편하다.

폐활량도 꽤 늘고 허벅지 힘도 좋아졌다. 워낙 빠르게 잘 걷긴 했지만 쉰을 넘으면서 걸음이 조금씩 느려졌는데 이제는 젊었을 때 수준으로 회복됐다. 계단이나 비탈길을 오를 때에도 예전보다 수월하고 속도도 빨라졌다.

발톱무좀이 낫다니!

놀라운 것은 발의 건강이다. 젊었을 때에는 길거리에서 몇천 원짜리 싸구려 신발을 사서 신어도 까딱없었다. 그런데 쉰이 넘으면서 그게 잘 안 됐다. 높은 굽은 물론 낮은 굽까지 구두란 구두는 다 불편했고, 심지어 바닥이 평평하고 딱딱한 컨버스 운동화조차 신을 수가 없었다. 그즈음에 한의사가 내 발을 보더니 "평발이네요"라고 하는 게 아닌가. 평발? 한 번도 생각해 보지 않았다. 나처럼 빠르게 잘 걷는 사람이 무슨 평발이란 말인가? 그런데 이제 생각해 보니, 나이를 먹으면서 발의 아치가 무너져 점점 평발이 되어버렸던 것 같다. 언니도 그랬단다. 심각하게 아프고 나서야 비로소 나이 들어 평발이 됐다는 걸 알게 됐고, 환갑이 넘은 지금은 특수깔창 신발이 아니면 신을 수 없게 됐다.

나는 언니보다는 상태가 나았다. 그래도 워킹화, 러닝화는 편하게 신을 수 있는 정도였다. 하지만 이렇게 펑퍼짐하게 편한 운동화를 신고 다닐 수 없는 자리도 많으니 모종의 조치가 필요했다. 인터넷쇼핑 사이트를 뒤져서 아치를 받쳐주는 작은 깔창을 사서 온갖 신발의 바닥에 붙이니 어느 정도는 해결됐다. 하지만 여전히 신지 못하고 처박아두는 신발이 많았다. 그런데 춤을 몇 년 추면서 점점 신을 수 있는 신발이 많아졌다. 내 발이 덜 예민해진 것이다. 이제는 아치 부분만 잘 받쳐주면 딱딱한 바닥의 신발도 웬만큼 신을 수 있다.

발이 확실히 건강해졌다는 징후는 또 있다. 30대 중반부터 발톱에 조금씩 문제가 생겼었다. 발톱무좀 증상이었다.

엄지발톱에서 시작했는데 20년쯤 지나니 전체 발톱이 다 그렇게 됐다. 바르는 약도 열심히 써보았지만 효과가 없었다. 위장이 예민하여 복용하는 약은 쓰기 힘들었으니 오로지 바르는 약뿐이었다. 몇 년 후에는 치료를 포기했다. '그냥 살자. 여름에 샌들 안 신으면 되지, 뭐!'라고 생각했다. 그런데 춤을 추면서 어느 틈엔가 허옇고 딱딱하게 굳었던 발톱이 점점 정상 색깔로 돌아오기 시작했다. 지난 가을부터는 엄지발톱 두 개가 거의 정상이 되었다. 희한한 일 아닌가. 흔히 무좀이란 진균류 감염이 원인이라고 말한다. 그래서 그걸 죽이는 방법으로 치료한다. 하지만 20년이나 된 증상이 춤을 추면서 나아지다니! 발과 다리가 건강해져 혈액순환이 좋아지면서 스스로 진균류를 물리친 것이라고 짐작하고 있다.

발을 잘 다치지도 않게 되었다. 8년 전 아버지가 돌아가신 후 삼우제를 치르고 돌아오는 길에 발을 삐끗했다. 편안한 운동화를 신었고 평지를 걷고 있었는데 보도블록의 작은 요철도 견디지 못하고 그냥 발목이 픽 꺾였다. 다리에 힘이 풀려서 그랬을 게다. 그렇게 한 번 삐끗하고 나면 열흘은 불편하다. 그런데 요즘은 그런 일이 거의 없다. 물론 발을 잘못 디뎌 삐끗하는 때는 종종 있다. 하지만 그 순간 시큰하고는 끝이다. 몇 발자국 걸으면 아무 일도 없던 것처럼 정상화되었다. 심지어 재작년에는 강의실 교단에서 발을 헛디뎌 꽈당 넘어진 적도 있었다. 그 순간 '아, 큰일 났다' 싶었다. 그런데 다리에 멍만 들었을 뿐 발목은 모두 멀쩡했다. 발과 다리의 건강을 되찾은 것, 5년 동안의 레슨비를 생각해도 이건 정말 이득이다.

춤음악에 대해 너그러워지다

몸의 변화만 얻은 건 아니다. 새로운 예술의 경험은 감수성을 넓힌다. 나처럼 평생 예술 관련 직업을 가져온 사람들에게 감수성의 확대란 아주 중요하지만 생각만큼 쉽게 되지 않는다. 한 분야에서 점점 깊이 들어가다 보면 폭은 좁아지기 마련이다.

사실 나는 댄스뮤직에 대해서는 별로 취향을 갖고 있지 않았다. 많은 작품이 단순하고 지루하게 느껴졌다. 그런데 춤을 배우다 보니 왜 대개의 댄스뮤직이 그러한지를 이해하게 됐다. 홀에서 프리댄스를 추기 위해서는 음악이 변화무쌍하면 안 된다. 그 음악을 처음 듣는 사람들도 리듬에 몸을 실을 수 있을 정도로 상당한 규칙성을 지녀야 하는 것이다. 음악이 변화무쌍하고 지나치게 심오하면 그 음악에만 집중하며 생각하고 느껴야 한다. 낯설고 어려운 음악에는 몸을 흔들며 춤을 출 여유가 없다. 생각해 보라. 퀸의 〈보헤미안 랩소디〉처럼 변화무쌍한 음악에 맞춰 프리댄스를 출 수 있겠는가 말이다. 조금 복잡하고 변화가 많은 음악이 나오면 바로 파트너와 발이 꼬이고 몸짓이 엉켰다. 음악에 지나치게 신경을 쓰면 다음 동작을 어떻게 할지 생각할 수가 없게 된다. 춤음악을 이해하기 시작한 것, 이것도 이득이다.

탱고가 다 끝나갈 때쯤 되자, 이제는 뭘 배우게 되려나 궁금하다. 선생님 말로는 비엔나왈츠나 폭스트로트는 왈츠와 너무 비슷해서 지금 이걸 또 배우는 건 지겨울 수 있단다. 뒤로 미뤄도 된다는 뜻이다. 발이 보이지 않을 정도로 빠르게 움직이는 퀵스텝은 아직 언감생심이다. 그러니 남은 것은 라틴댄스 중에서 파소도블레뿐이다. 스페인 춤에서 기원한 파소도블레는 또 어떤 신세계를 보여줄지 '기대만땅'이다.

4부.

몸으로 음악 타는 재미를 느끼다

살사와 탭댄스

나의 살사댄스 실패기

〈더티 댄싱〉의 그 춤, 살사

댄스스포츠를 배운 지 1년이 다 되어가고 단행본 집필도 거의 끝이 보이기 시작할 때쯤이었다. 숨어 있던 호기심이 발동하기 시작했다. 무엇보다 근골격계 질환이 크게 완화되었다는 것에 고무되었다. 종종 재발하던 무릎관절 통증은 1년 동안 한 번도 재발하지 않았다. 이제 무릎 때문에 한의원 갈 일은 없겠다 싶은 생각이 들었다. 그보다 더 심각했던 어깨 통증 역시 많이 완화되었다. 룸바를 하며 어깨와 몸통, 골반을 한꺼번에 움직이는 동작을 한 게 주효했다. 그런 동작은 차차차에까지 계속 이어졌다. 여전히 팔을 올릴 때 한 부분이 뻐근하기는 하지만, 옷을 입고 벗을 때나 자동차 기어를 조작할 때 느꼈던 통증과 불편함에서는 해방되었다.

차차차를 배우며 음악과 동영상을 검색하다 보니, 엇비슷한 리듬의 맘보 음악과 거기에 맞춰 추는 살사댄스가 눈에 띄었다. 아, 살사란 춤이 있었지? 그제야 1987년에 국내에 개봉된 영화 〈더티 댄싱〉이 불러온 살사 붐이 생각났다. 차차차와 맘보는 아주 비슷한 음악인데 맘보가 조금 더 빠르다. 어떤 사람은 맘보를 느리게 연주하면서 뒷부분에 '차차차'로 들리는 악기소리를 배치한 것이 차차차의 시작이라고 설명하기도 한다. 그러니 차차차 춤을 배운 김에 살사도 쉽게 배울 수 있을 거 같았다.

가까운 곳에 살사를 배울 수 있는 데가 있는지 검색했다. '살사', '은평' 등의 검색어를 넣으니 홍대 부근 한 곳이 찾아졌다. 살사 동호회와 학원이 결합된 형태다. 검색을 하면서 알게 된 것은 전국에 살사 동호회가 어마어마하게 많다는 사실이었다. 1990년대와 2000년대의 전성기에 비하면 열기가 줄어든 것이라는데도 그랬다. 댄스스포츠나 사교댄스에 비해서는 애호가의 연령대가 젊어 30대 후반과 40대 초반이 중심이다.

내가 찾아간 곳은 대표자와 강사가 모두 동호회 멤버들이었고, 그중 몇몇은 다른 직업을 갖고 있는 분들이었다. 동호회 겸 학원의 장점은 동호회 중심 멤버들이 초심자들에게 관심을 가져주며 이것저것 가르쳐준다는 것이다. 모든 댄스 강습이 그렇듯 당연히 여초였는데, 선배들이 보조강사가 되어 부족한 남자 파트너의 역할을 해주며 제대로 배울 수 있도록 배려해 주었다.

혼자 연습하지 마세요

살사 동호회에서 춤을 배우며 처음으로 홀이란 곳을 가보았다. 홍대 앞에 살사만 출 수 있는 홀이 있었고 매일 오후 9시부터 열었다. 동호회의 초보 수준 강습은 그 홀에서 진행하고 강습이 끝난 후에 바로 이어서 홀에서 실전연습을 하는 방식으로 운영되었다. 9시에 홀이 오픈하면 새로운 사람들이 몰려들었고, 고수들은 화려한 춤 솜씨를 뽐냈다. 나 같은 초심자들은 '아, 나는 언제나 저런 걸 해보나!' 하는 마음으로 구경하다가 그날 배운 동작 몇 가지를 반복해서 연습하곤 했다.

한 달쯤 지나니, 왜 이 동호회에서 초심자를 무조건 홀에 집어넣는지 파악되었다. 댄스스포츠와 달리, 길게 연결된 루틴을 가르치는 방식이 아니기 때문이다. 댄스스포츠에서는 춤의 종류별로 10~30분가량 계속 루틴을 출 수 있도록 동작들을 연결해 놓고 그것을 가르친다. 예컨대 자이브는 60~80개 정도의 동작을 연결해 놓았다.

물론 실제 홀에서는 루틴의 순서대로 추지 않는다. 남자가 사인을 주면 여자는 그에 맞추어 움직이게 되어 있다. 동작을 선택하고 연결하는 것은 남자 마음대로다(물론 능숙하지 않은 남자는 학원에서 배운 루틴의 순서대로 춘다. 춤을 추면서 다음 동작을 선택하고 연결해 가는 게 쉬운 일이 아니다. 여자도 숙지된 순서로 진행되니 긴장감은 덜하지만 사인 받기는 편하다). 그런데 살사는 루틴을 연결해서 가르치지 않았고, 동작 하나, 패턴 하나를 각각 분리해서 가르쳤다. 즉, 처음부터 프리댄스를 하라는 것이다. 그런데 프리댄스 방식이 익숙해지려면 자꾸 홀에 나가서 춰봐야 한다. 정해진 안무를 따라가는 것이 아니라 임의의 동작을 사인으로 주고받으며 춤추는 연습을 해야 하는 것이다.

이렇게 한 6개월 이상 배운 것 같다. 그런데 한계에 봉착했다. 나에게 잘 맞지 않는 지점이 슬슬 드러나기 시작했다. 우선 연습을 홀에 나가서만 해야 한다는 점이 나에게는 잘 맞지 않았다. 나는 집에서 틈나는 대로 운동 삼아 동작 연습을 해야 하는데, 프리댄스 방식의 춤에는 이런 '나 홀로 연습'이 효과가 없을 뿐 아니라 오히려 나쁜 습관을 만든다. 혼자 연습하면 정해진 안무대로 춤추는 데 익숙해져서, 남자의 사인을 받는 능력이 떨어지게 되는 것이다.

선생님은 나에게 "혼자 연습하지 마세요. 홀에서 춰야 춤이 늘어요"라고 누차 경고했다. 그런데 사교도 술자리도 별로 좋아하지 않는 '집순이'가 어찌 밤에 자꾸 홀에 드나들겠는가. 저질체력이 이렇게 '밤드리 노니면' 이튿날 집중력이 뚝 떨어진다.

돌고 돌고 돌고

문제는 또 있었다. 살사의 여자 춤은 회전이 매우 많다는 점이었다. 레벨1에서 걸음마처럼 처음 배우는 동작도 360도를 도는 라이트턴, 레프트턴이고, 바로 그다음에 배우는 아웃사이드턴과 인사이드턴은 한 바퀴 반을 한 번에 도는 것이다. 레벨이 올라갈수록 회전량은 많아져서 6개월쯤 지나니 두 바퀴가 넘는 동작이 계속 이어졌다. 으아, 어지럽다! 그런데 이 정도에서 어지러우면 안 된다. 고수들이 추는 춤을 보면, 남자가 여자를 거의 팽이 돌리듯 계속 돌린다.

회전이란 한정된 좁은 공간에서 속도감을 즐길 수 있는 동작이다. 그래서 살사는 복작복작 좁은 홀에서도 충분히 즐길 수 있다. 하지만 나는 어지러워서 더 이상의 레벨로 올라가기가 힘들었다.

나이의 한계였다. 30대 회원들은 거뜬히 도는데 나는 두어 번 연습하면 휘청거려 다음 동작을 연결할 수 없다. 나이가 들면 노안이 오는 것처럼 귀도 늙는다. 귀는 청력만 관장하는 게 아니라 평형감도 관장하는 기관이다. 귀가 늙으면 평형감각도 떨어지는 것이다. 50 즈음에 갑자기 걸음을 못 걷고 구토를 할 정도의 심한 어지러움 증상이 생겨 병원으로 달려가는 사람이 적지 않다. 놀라서 뇌 사진을 찍고 난리를 치는데, 결국 귀에 문제가 있다고 판명되는 경우가 많다. 나는 이 증상을 심하게 겪진 않았다. 그런데 살사를 춰보니 나도 평형감각이 크게 떨어져 있음을 알 수 있었다. 이렇게 계속 휘청거리면 함께 배우는 젊은 회원들에게 민폐다.

나이의 한계를 확인하고 끝을 보았다

나중에 안 사실이지만, 바로 이 때문에 살사에는 50대 이상 여자들이 쉽게 진입하지 못한단다. 1990년대에 살사를 춰온 20~30대들은 40~50대가 되어도 그럭저럭 춘다. 하지만 새로 진입하기는 쉽지 않다. 서울 강남에는 아예 '중년반'을 따로 운영하는 학원이 있다고 한다. 20~30대가 불편할까 봐 배려하는 게 아니라 실제 진도 나가는 속도를 조정해야 하기 때문이 아닐까 싶다.

초겨울에 시작한 살사는 이렇게 나이의 한계를 확인시키고 이듬해 봄에 끝을 보았다. 그래서 소득이 없었냐고? 왜 없었겠는가. 내 몸을 확인한 셈이니 그게 가장 큰 소득이다. 살사 덕분에 맘보 음악에 친근해진 건 덤이다.

탭댄스, 발랄하고 격렬한 춤을 찾아서

〈스윙키즈〉 안무자에게 탭댄스를 배우다

살사댄스를 그만둔 후 몇 달쯤 지났을까? 다시 몸이 좀 근질거렸던 모양이다. 한 후배가 탭댄스를 배우러 다니는데 운동이 꽤 된다는 이야기를 했다. '와우! 일반인들에게 탭댄스 가르치는 학원도 있어?' 싶었다. 모든 것을 판매하는 이 사회에 뭔들 없겠는가마는, 그래도 탭댄스는 뮤지컬 전공자들이나 배울 것이라 짐작했는데 의외였다. 갑자기 구미가 확 당겼다.

댄스스포츠는 계속 배우고 있던 중이었다. 시작한 지 2년이 채 안 되었는데 라틴댄스인 자이브, 룸바, 차차차, 삼바를 끝내고, 바야흐로 모던댄스인 왈츠로 들어서고 있었다. 맞다! 몸이 근질거린 것은 왈츠 때문이었을 게다. 왈츠는 가장 배우고 싶었던 춤이었건만 막상 해보니 아주 어려웠다. 게다가 하도 우아하게 움직이는 춤이라 라틴댄스의 발랄하고 격렬한 움직임이 좀 그립기도 했다. 그러던 차에 '탭댄스'란 말이 훅 들어왔다.

후배를 따라 탭댄스학원을 찾아갔다. 볼륨 높은 음악소리와 이를 압도하는 탭댄스 발소리에 학원 입구부터 쩌렁쩌렁 울렸다. 기분과 긴장감이 함께 '업'됐다. 태퍼tapper

박용갑 선생님의 학원인데, 그는 2018년 겨울 개봉한 영화 〈스윙키즈〉의 안무자 중 한 분이다. 이 학원에서는 기본 동작을 함께 배운 뒤에 안무된 춤은 개인별로 따로 진도를 나가는 방식으로 지도했다.

쉰다섯에 탭댄스? 과연 할 수 있을까? 오래 못 할 수도 있겠다고 지레 겁을 먹었다. 당연히 무릎 걱정을 할 수밖에 없다. 몇 년 동안 잠잠했던 무릎관절 아픈 증상이 도지지나 않을까? 하지만 여태 춤 배우면서 재발한 적이 없으니 그래도 믿어보자는 마음이 생겼다. 더 강화시켜야 한다는 생각도 있었다. 여든이 되어 두 무릎에 인공관절을 박은 엄마처럼 되지 않으려면 운동을 더 해야 한다. 그래도 탭댄스가 무릎에 정말 괜찮을까 싶어 검색을 해보았다. 외국에서는 중년 여성들이 운동 삼아 기초 탭댄스를 배운다고 하고 심지어 그 학원에도 환갑 된 여자 한 명이 있단다. 그래, 살살 해보는 거야. 무릎 아프면 그만두지, 뭐.

탭슈즈는 훌륭한 악기

탭댄스에는 새 장비가 필요했다. 탭슈즈는 필수다. 2센티미터 납작 굽에 스니커즈처럼 발목도 낮아서 발목을 많이 움직이고 많이 뛰어도 아주 편한 신발이다. 앞부분과 뒷부분에는 마치 말굽에 박는 징처럼 납작한 쇠가 붙어 있어 바닥과 부딪칠 때마다 경쾌한 소리를 내도록 되어 있다. 초보용은 5만 원 내외의 가격이다(〈스윙키즈〉에서 도경수가 신은 슈즈는 비싼 전문가용이다). 끈을 꽉 동여매어 슈즈를 신었다. 움직일 때마다 발에서 따그락따그락 소리가 나는 게 신기했다.

예닐곱 명 수강생의 면면은 아주 다양했다. 20대 대학생부터 나 같은 50대까지 천차만별이다. 흥미로운 것은 이른바 '업계' 사람들, 즉 뮤지컬·연극배우(혹은 지망생)들이 꽤 있다는 점이다. 내가 속한 반보다 높은 레벨의 반에서는 주로 전공자들이 배우고 있었다. 우리 반 수업은 종종 낄낄거리고 와르르 웃는 소리가 요란하지만, 전공자들의 수업은 긴장과 집중의 정도가 높고 오로지 탭 소리만 아주 빠르게 울리는 분위기다. 우리 반에도 업계 사람들이 한두 명 있었는데 그들은 한눈에 금방 알아볼 정도로 눈에 띄었다. 특히 뮤지컬 전공자들은 재즈댄스나 현대무용의 기초 훈련을 했기 때문에 기본 자세부터 달랐고, 특히 회전 동작을 할 때에는 '앗, 춤 배운 사람이구나!' 하는 티가 확연히 난다. 하지만 나처럼 이제 걸음마를 배우는 초보자도 많았다.

탭댄스는 춤이면서, 발로 하는 연주다. 소리를 제대로 내는 게 중요하다. 기본 동작 훈련도 모두 소리를 내는 다양한 방법으로 구성된다. 인간의 발로 소리를 내는 방법이 이렇게 다양하다니 놀라울 정도다. 발가락과 볼(발가락과 연결된, 발 앞쪽의 도톰한 부분)을 바닥에 대는 방식의 평범한 걸음인 '스텝', 발뒤꿈치를 땅에 댄 채 앞쪽 볼을 탁 내려놓는 '볼', 발을 세워 구두코를 바닥에 찍는 '토', 앞으로 살짝 차면서 볼로 바닥을 긁어 소리를 내는 '브러시', 브러시와 스텝을 연달아 하며 2사운드의 연결음을 내는 '플랩' 등 정말 기기묘묘하게 다양한 방식으로 소리를 내는데, 동작마다 다 다른 소리가 난다. 간단해 보이는 탭슈즈가 이토록 훌륭한 타악기인 줄 미처 몰랐다.

뒤로 뛰면서 소리를 내라고요?

기본 동작 훈련 중 가장 신기했던 것은 뒤로 뛰면서 소리를 내는 것이었다. 발의 앞부분을 모두 들고 뒤꿈치로만 섰다가 폴짝 뒤로 뛰면서 볼로 바닥을 긁어 소리를 내는 동작인데, 이건 한 달이 넘어야 겨우 흉내라도 내본다. 발을 모아 뛰는 것은 고등학교 때 체력장을 해본 이후로는 없는데 심지어 뒤로 뛰다니, 정말 상상도 안 해 본 동작이었다. 그중 가장 어려운 것은 폴짝폴짝 뒤로 연달아 뛰면서 딸깍딸깍 소리를 내는 동작이다. 다리 힘이 많이 들고 요령도 터득해야 한다. 이걸 처음 본 날엔 너무 황당해서 "이게 어떻게 가능하죠?" 라고 되물었는데, 회원들이 이구동성으로 "자꾸 하다 보면 돼요"라며 웃는다. 너덧 달 정도 반복하니 '딸깍'까지는 아니고 '딱' 소리가 조금 나기 시작했다. 이 소리를 처음 성공시킨 날, 모두들 손뼉을 치며 축하해 주었다.

고양이가 피아노 건반을 밟아도 소리는 나듯, 탭슈즈를 신으면 어떻게 움직여도 소리는 난다. 하지만 악기소리처럼 잘 내는 것은 결코 쉽지 않다. 정확하고 힘 있게 동작을 해야만 경쾌하고 명확한 소리가 난다. 마치 같은 드럼을 같은 스틱으로 쳐도 숙련도에 따라 전혀 다른 드럼 소리가 나는 것처럼 말이다. 내 소리와 선생님이 내는 소리는 고양이와 피아니스트 차이다. 다리 힘이 관건이므로 나이에 따라서도 소리 차이가 크다. 20~30대 젊은 회원들은 대충 움직이는 것 같은데도 '딱' 하는 소리가 차지게 나는데, 나 같은 40~50대들은 '딱' 하고 소리가 나다가 만다. 힘과 정확도가 다른 것이다.

발로 타악기 소리를 내려니, 탭댄스 동작은 시종 뛰는 동작이다. 한 시간 내내 뛴다고 해도 과언이 아니다. 시작한 지 10분 지나면 벌써 셔츠와 바지가 땀에 폭 젖는다. 조깅 못지않은 운동이지만, 시종 동작을 생각하며 움직여야 하니 전혀 지겨울 틈이 없다.

과연 내 무릎은 안녕했을까? 놀랍게도 괜찮았다. 탭댄스를 하고 온 날은 밤에 잠을 잘 때 무릎 부위에 뻐근한 통증이 느껴졌다. 잠결에도 '어, 이거 괜찮을까?' 하는 걱정이 스치고 지나갔다. 그런데 희한하게도 아침에 눈을 뜨면 아프지 않고 멀쩡했다. 잠자는 밤 시간 동안 그 정도의 피로는 회복된다는 의미로 읽혔다. 만약 다음 날까지 무릎의 뻐근함이 계속됐다면 나는 과감히 탭댄스를 포기했을 것이다. 몸이 '이건 무리야!'라고 신호를 보내는 것이므로.

친구들은 모두 나에게 탭댄스는 무리라고 했다. 그도 그럴 것이 친구들 중에 내가 가장 먼저 무릎이 고장 났고, 함께 여행을 가서도 내리막길에서 무릎 아프다는 소리를 꽤 했기 때문이다. 그런데 바닥 딱딱한 탭슈즈를 신고 한 시간을 뛸 수 있다니 기적이 아닐 수 없다. 댄스스포츠를 해왔던 짧지 않은 시간에, 그리고 선생님과 나 자신에게 마음 깊이 감사했다.

덩더꿍 풍물 장단에 탭댄스를 해보면 어떨까?

직업병, 기계가 자꾸 돈다

습관이란 게 참 무서운 거다. 안 그래도 되는 자리에서 꼭 직업 티를 낸다. 나 같은 국문과 출신, 국어교사나 책 편집자들에겐, 벽에 붙은 광고 문구에서도 띄어쓰기와 오자부터 눈에 띈다. 음악 전공자들은 헬스클럽에서 틀어주는 음악과 자기가 러닝머신에서 뛰는 박자가 안 맞으면 발이 꼬이는 경험을 종종 한다. 내가 아는 미대 교수 한 분은 인테리어가 어수선한 음식점에서 밥을 먹으면 아주 불편해한다. 의지로 되는 게 아니라 그냥 저절로 그렇게 된다. 유명한 문화학자 말마따나 '기계'가 자동으로 작동하는 거다.

내가 춤을 배울 때도 종종 그렇다. 그런 생각이 자꾸 드는 것이 지루함을 막아주는 재미 요소이기도 하지만, 가끔 '기계'가 마구 작동하는 경우도 있다. 탭댄스를 배울 때도 그랬다.

〈스텀프〉에서 영향 받은 〈난타〉

이제 '난타'란 말은 일반명사가 되었다고 해도 과언이 아니다. 1997년 송승환이 제작한 넌버벌 퍼포먼스 〈난타〉는 주방에서

도마와 칼 등 온갖 물건을 자진모리·휘모리장단으로 두드리는 공연으로 지금까지 롱런하고 있다. 이 공연이 인기를 끌면서 눕혀놓은 큰 북이나 일상적인 물건을 장단에 맞춰 두드리는 넌버벌 퍼포먼스가 늘어났고, 이를 일반적으로 '난타'라고 통칭하게 됐다. 이는 '사물놀이'의 경우와 흡사하다. '사물놀이'란 1978년 공간사랑에서 네 명의 젊은이가 연주회처럼 앉아서 풍물을 연주하면서 팀 이름으로 새로 만들어낸 말이었다. 종래의 풍물은 서서 하는 길놀이나 판굿이었는데, 이들 연주는 앉아서 오로지 타악기 연주만 하는 음악회 방식이란 점에서 새로웠다. 이런 공연이 인기를 모으면서 여러 그룹이 생겨났고, '사물놀이'는 '앉은반 풍물'을 일컫는 장르명이 되었다.

〈난타〉 탄생에 영향을 준 공연이 1996년 영국의 넌버벌 퍼포먼스 〈스텀프〉 내한공연이었다. 코믹한 상황 설정에다 발소리는 물론이고 쓰레기통을 두드리는 소리, 빗자루로 바닥 쓰는 소리, 심지어 신문지를 넘기고 지포라이터를 여닫는 금속음까지 악기연주처럼 다루고 있었다. 이런 공연을 만들 수 있었던 문화적 배경이 바로 읽혔다. 영미권에서 발달한 슬랩스틱코미디, 록의 드럼 연주, 그리고 탭댄스가 바탕이 되었을 게다.

'우리도 이런 거 있는데!' 싶은 생각이 바로 들었다. 1990년대 초 부산의 노동연극 전문단체인 일터의 연극에는 노동자 역할을 맡은 배우들이 플라스틱 석유통, 드럼통, 스테인리스 식판 등을 스패너나 드라이버, 쇠파이프 등으로 두드리는 장면이 나온다. 〈스텀프〉의 장단이 록에 기반하고 있는 것에 비해, 일터의 연극 장면은 풍물 장단에 맞춘 것이었다. 푸른 작업복을 입은 배우들이 석유통과 식판을 두드리며 미지기나 짝드림을 하는 장면은 정말 환상적이었다 ('미지기'는 연희자들이 마주서서, 마치 말을 건네듯 혹은 '우리 집에 왜 왔니' 놀이를 하듯 한편에서 밀고 들어가며 치고 나면 그에 답하듯 맞은편에서 밀고 들어가며 악기를 치는 대목을 말한다. '짝드림'은 꽹과리 두 개가 서로 한 박자씩을 빠르게 번갈아 치며 '짝 잭 짝 잭' 소리를 내는 대목을 일컫는다). 〈스텀프〉와 똑같은 발상 아닌가. 그네들에게 록과 탭댄스가 있다면, 우리에게는 풍물이 있다는 것을 생각한 건 나만이 아니었을 것이다. 기획자 송승환이 재빠르게 움직여 김덕수와 손잡고 〈난타〉를 탄생시켰다.

자진모리와 동살풀이 장단으로 탭댄스를

'춤바람' 이야기를 하면서 난데없이 〈난타〉와 〈스텀프〉 얘기가 좀 길어졌다. 이 이야기를 한 것은 탭댄스를 배우면서 자꾸 풍물이 생각났기 때문이다. 탭댄스는 스윙재즈를 바탕으로 하는 춤이다. 발로 치는 장단들은 모두 스윙재즈 장단에 맞게 짜여 있다. 그렇다면 우리 풍물 장단에 맞춰 탭댄스를 안무할 수는 없을까? 풍물과 탭댄스의 어울림은 2015년 뮤지컬 〈묵화마녀 진서연〉에서도 시도한 바 있었지만, 하드록을 깔아놓고 풍물과 탭댄스가 배틀하듯 맞서서 추는 장면 정도이니 그 결합의 양태가 단순하다.

풍물 장단에 탭댄스를 결합하려면 먼저 굿거리나

자진모리, 휘몰이, 동살풀이 장단에 맞춘 기본 동작들이 만들어져야 할 것이다. 머리를 꽤 써야 하겠지만 많이 어려울 것 같지는 않다. 풍물 치는 사람은 탭댄스를 모르고, 탭댄스 계에서는 풍물을 모르니 시도를 못 하고 있을 뿐, 하려고 마음만 먹으면 금방 될 듯하다. 도대체 왜 이런 시도는 안 하는 걸까. 만약 누가 이걸 해낸다면 탭댄스는 온갖 국악 공연에 초대되며 새로운 무대를 얻을 수 있을 것이다. 국악 공연을 지루하지 않게 하는 볼거리가 그저 한국 춤 정도였는데, 탭댄스가 결합된다면 얼마나 새롭겠는가. 아니, 내가 뭔 생각을 하는 거야? 이런! 머리 비우고 운동하려고 춤을 배우면서 또 머리로 '노동'을 하다니. 아, 못 말린다!

리듬을 알면 몸은 따라가는 법

사실 룸바와 차차차, 삼바를 배우면서 라틴음악이 친근해졌듯이, 탭댄스를 배우면서 스윙재즈가 친해진 건 참 즐거운 일이었다. 스윙 특유의 바운스에 몸이 둠칫둠칫 움직여진다. 머리로 이해된 음악을 몸으로 타기 시작하면 발도 훨씬 쉽게 움직여진다.

초보자 때 플립을 섞어 투스텝을 하는 동작을 반복적으로 연습하게 되는데, 그게 처음에는 참 어렵다. 내가 선생님에게 "일반적인 투스텝처럼 첫 발을 멀리 디디지 않고 거의 제자리에 놓네요?"라고 물었다. 첫 발을 디디면서 플립을 넣는 게 영 어색하고 잘 되지 않아서였다. 선생님은 내가 발로 헤매는 것을 보더니 "그게요, 리듬이 '워-언 앤 투'가 아니고요, '아, 원 앤 투'예요"라고 리듬의 핵심을 설명해 주었다. 그런데 이게 웬일인가. 그 리듬을 듣자마자 그토록 안 되던 동작이 바로 몸에서 나오는 게 아닌가. '아, 원' 부분에서 '따닥' 하고 플립을 넣는 게 바로 몸으로 느껴졌고, 그 리듬을 살리려면 첫 발은 거의 제자리에 디디는 게 자연스러웠다.

풍물을 처음 배울 때 '입장단'을 먼저 가르치는 것도 같은 원리다. 예컨대 자진모리를 배울 때 '덩 덩 쿵따 쿵 / 더덩 덩딱 쿵기닥 쿵'을 먼저 입으로 따라 하게 하면 손이 훨씬 쉽게 움직여진다. 더 쉽게 '땅도 땅도 내 땅이다 / 조선 땅도 내 땅이다'라고 가르치기도 한다. 입에 착 붙는 문장인데, 이 리듬대로 북을 두드리면 정확한 자진모리가 된다.

아, 내가 또 직업병을 드러내고 있다. 그런데 이 기계가 멈춰지지 않으니 생각을 계속할밖에. 영화 〈스윙키즈〉에서 탈춤과 탭댄스를 어우러지게 한 장면이 나온다. 나 말고도 이런 생각을 하는 사람이 꽤 있다는 얘기가 아닌가. 그런데 조금 더 나아갔으면 하는 아쉬움이 있다. 화려한 춤 때문에 탈춤과의 어울림을 선택했겠지만, 사실 탈춤의 단순화된 타령장단보다는 잔가락이 더 많은 풍물장단과 섞는 것이 훨씬 더 어울린다.

서양의 어떤 춤보다도 탭댄스는 빠르게 국악 장단과 어우러져 토착화할 수 있는 양식이라 생각한다. 그러려면 풍물 치는 사람들에게 탭댄스를 가르쳐야 하나, 아니면 태퍼들에게 풍물을 가르치는 게 더 빠르려나? 아무래도 태퍼가 풍물을 배워야 안무가 쉽겠지? 아니다. 풍물 하는 사람들도 탭댄스를 배워야 상모를 돌리거나 부포(새털로 꽃 모양을 만들어 머리에 꽂는 것)를 놀리면서 탭댄스를 할 수 있을 텐데. 결국 양쪽 다 상대편의 것을 배우는 게 옳아! 아무래도 머릿속 기계가 고장 났나 보다. 멈춰지질 않는다.

〈사랑은 비를 타고〉, 진 켈리의 발이 보인다

벌에 쏘인 개발 모양

탭댄스를 소재로 한 뮤지컬 〈로기수〉와 리메이크 영화 〈스윙키즈〉가 나왔지만, 아직도 우리나라 뮤지컬에서 연기도 잘하면서 탭댄스까지 제대로 소화하는 주연·조연급 배우를 구하는 건 그리 쉽지 않다. 하지만 한국 탭댄스의 역사가 짧은 것은 아니다. 놀랍게도 일제강점기인 1930년대에도 탭댄스가 있었다. 당연히 익숙한 것은 아니었다. 일본에서 대학을 다닌 유치진에게도 탭댄스는 낯설었던 모양이다. 「시골뜨기 동경견문록」(〈동아일보〉 1934년 7월 3일자)에서 몇 년 만에 다시 가본 도쿄의 새로운 풍경을 이렇게 묘사하고 있다. "한동안 다방에 모여서 음악을 조용한 귀로써 맛보던 청년은 연지를 찍고 오늘은 단스홀로 참집參集한다. 홀에는 명멸하는 네온사인이 있고 화려한 쟈스밴드가 연주된다. 그 쟈스를 그들은 발로써 박수친다. 왈 '딴스'라는 것이다. 현명한 독자는 혹… 벌에 쏘인 개발 모양으로 발바닥을 털고 곤두박질치는 유행아流行兒를 보았을 것이다. 그것을 가르쳐 왈 '탭단스'라는 모양인데 이야말로 현대인의 변태적 몸부림의 성격적 발작인 듯하다."

얼마 지나지 않아 조선 땅에도 탭댄스가 들어왔다. 1938년 일본의 조선 유학생들의 졸업송별회 기사를 보니 공연 프로그램에 탭댄스가 들어 있고, 미국 탭댄스에 대한 기사도 늘어났다. 우리나라에서 1930년대 후반은 바야흐로 무성영화의 시대가 지나고 발성영화가 시작되는 때였다. 미국의 첫 발성영화가 〈재즈싱어〉란 것은 널리 알려진 사실이다. 재즈와 탭댄스 장면으로 화려한 '소리'를 과시하는 미국 발성영화들은 조선의 대중에게도 영향을 주었다. 급기야 1939년 오사카소녀가극학교 출신인 이준희라는 여자가 당시 가왕歌王들이 즐비한 최고의 공연단인 조선악극단의 무대에서 탭댄스를 추기 시작했다. 지금도 낯선 '태퍼'라는 말까지 쓰이고 있다.

미군정으로 시작한 해방 후 시기엔 당연히 탭댄스에 대한 관심이 더 커졌으리라 예상된다. 황문평의 책『인물로 본 연예사, 삶의 발자국 2』(선, 1995)에 의하면 일제 말기 도쿄의 쇼 공연장 무랑루즈에는 일본의 대학으로 유학 왔다가 탭댄서가 된 유광주·김경식 등 두 명의 조선인이 있었고, 그중 김경식이 해방 후 미8군 밤무대에 한두 번 출연한 기록이 있다고 한다. 1988년 서울올림픽 주제가 〈손에 손잡고〉를 부른 재독교포 그룹 코리아나의 이승규·이용규도 어릴 때 남매들과 미8군 밤무대에서 탭댄스를 추며 무대 생활을 시작했다고 한다. 그 시절 미국 바람은 지금 짐작하기보다 훨씬 거세었다. 근엄하기 이를 데 없는 원로 문학평론가 염무웅 선생(서울대 독문과 60학번이다)이 사석에서 '나도 예전에 탭댄스를 배운 적이 있다'는 말을 해서 깜짝 놀란 적이 있다.

1960년대 한국 탭댄스의 최고 권위자는 김완율(1922~1984)이었다. 그 역시 일본 유학 중에 춤바람이 들어 삶의 방향을 바꾸었고, 1960년대에 쇼단을 이끌며 탭댄스를 공연했다고 한다. 오랫동안 극장 쇼의 가장 화려한 춤 레퍼토리는 캉캉과 탭댄스였다. 노출이 많은 캉캉은 TV에서 방영하기엔 좀 곤란한 춤이지만 탭댄스는 TV쇼에서도 무난한 레퍼토리였다. 내 기억에도 1960년대 동양방송의 〈쇼쇼쇼〉 같은 프로그램에서 탭댄스 장면을 본 적이 있고, 어릴 적에 텔레비전 앞에서 그걸 따라 하느라 요리조리 발을 놀려보기도 했다. 어른들이 보기에는 '복 달아나는 짓'이었겠지만.

지금 뮤지컬계에서 탭댄스를 추고 가르치는 분들은 이들의 직계 후예는 아니다. 삼성영상사업단이 엄청난 제작비로 1996년 본격적인 라이선스 뮤지컬 〈브로드웨이 42번가〉를 공연하며 미국에서 연출자와 안무자 등을 데려와 화려한 탭댄스 장면을 보여준 이후, 사람들의 눈이 달라졌기 때문일지도 모른다. 이준희부터 김완율까지가 일본에서 일본인 스승에게 배운 사람들이었다면, 새 세대는 미국에서 탭댄스를 배우고 돌아온 사람들이 주축을 이루고 있다.

발이 보이기 시작했다

가을에 시작한 나의 탭댄스 배우기는 해를 넘기며 뮤지컬 〈사랑은 비를 타고〉와 〈42번가〉의 가장 유명한 탭댄스 춤을 연습하는 데에 이르렀다. 〈사랑은 비를 타고〉의 가장 유명한 장면, 빗속에서 진 켈리가 우산을 들고 빗물을 발로 튕기면서 추는 바로 그 춤이다. 생각보다 어렵다. '싱잉 인 더 레인'이란 가사가 나오는 노래 첫 부분에 뒤로 걸으면서 3사운드를 연속해서 내는 부분이 있는데, 몇 주를 반복해도 쉽게 익숙해지지 않았다. 그 춤을 얼추 배우고 난 후 영화 속의 그 장면을 다시 찾아보았다. 세상에! 이 춤이 저 춤이란 말인가? 전혀 달라 보였다. 내가 배운 속도보다 서너 배는 빠른 템포로 추는 데다가 발의 놀림이 어쩌면 그렇게 가볍고 경쾌한지! 그냥 소리를 내며 춤을 추는 정도가 아니다. 구두를 신은 발의 움직임조차 느낌을 표현하고 있다. 그 발의 느낌이 다리와 허리로 올라와 팔과 얼굴 표정으로까지 드러난다. 춤을 배우고 보니, 정말 신의 경지로 보였다.

영화사 책을 봐도 진 켈리의 영화 속 춤 장면은 획기적이었다는 것이 통설이다. 이전 영화에서 탭댄스 장면은 주로 무대 위에서만 춤을 추는데, 진 켈리의 영화에서는 거실, 길거리, 복도, 책상 위 등 일상의 공간 어디에서나 춤이 펼쳐진다. 당연히 무대 위의 춤을 보여주는 장면과는 다를 수밖에 없다. 쇼 공연의 무대를 찍은 장면은 쇼 프로그램의 짤막한 한 대목으로 관객을 휘어잡아야 하므로 긴 호흡의 극이 지닌 내용과는 무관하게 화려하고 과장된 표현에 치중할 수밖에 없다. 그에 비해 일상공간에서의 춤 장면에서는 2시간이 넘는 극영화의 흐름 속에서 사건과 인물의 일관성을 해치지 않는 '연기로서의 춤'을 보여주어야 한다. 그러니 당연히 그의 춤은 발끝부터 머리끝까지 감정 표현이 섬세하다. 신기하게도, 이전 같으면 보이지 않았을 진 켈리의 화려하고도 섬세한 발의 표현이 눈에 들어왔다.

〈42번가〉의 첫 대목도 그랬다. '타임스텝'이라 이름 붙은 그 동작은 간단해 보이는데도 어찌나 안 되던지 '내가 바보 아닐까' 하는 생각이 들 정도였다. 배우고 나서 한국 초연의 동영상을 보니 먼저 발이 보였다. 중요 인물을 맡은 한국인 배우보다 맨 뒷줄에 선 외국인 출연자(초연 때에는 '본토'에서 공수해온 코러스 몇 명이 함께 무대를 채웠다)의 춤이 훨씬 능란하다는 것도 한눈에 보인다.

발이 보인다는 것은 춤에 대한 이해가 좀 깊어졌다는 의미다. 대개 낯선 춤을 보았을 때 사람들의 시선은 얼굴과 가까이에 있는 팔과 손동작에 집중된다. 그런데 그 춤에 익숙해지다 보면 더 중요한 것은 발과 무릎, 골반, 허리, 가슴, 어깨로 이어지는 몸의 중심축이란 것을 알게 된다. 발동작이 무너지면 그 위를 아무리 만들어보려고 해도 헛것이다. 사상누각인 것이다. 댄스스포츠를 몇 년 배우고 난 뒤 〈댄싱 위드 더 스타〉에 출연한 연예인들의 춤, 〈바람의 전설〉 속 이성재의 자이브 루틴 추는 장면을 다시 보았더니 쿡쿡 웃음이 나왔다. 기본 훈련을 거치지 않은 발동작이란 게 눈에 보인다. 그걸 감추려고 상체의 안무를 일부러 화려하게 만들었다는 것도 바로 알겠다. 이제 발이 보인다.

5부.

내장을 뒤흔드는 매혹의 춤

벨리댄스

새로운 운동이 절실히 필요했다

아무것도 할 수 없었다

남편이 세상을 떠났다. 뇌졸중으로 쓰러진 지 9개월 만이다. 40년 동안 인슐린을 맞아야 하는 당뇨병 환자로 살았으니 나보다 먼저 갈 거라고는 생각했지만 그날이 이렇게 빨리 올 줄은 몰랐다. 간병에 장례, 한 사람의 흔적을 지우기 위한 최소한의 정리를 하면서 내 몸은 완전히 방전 상태가 되었다. 무엇보다 머릿속에서 그와의 마지막 날이 자꾸 떠올라 견딜 수 없었다.

단전호흡을 다시 시작해야겠다고 생각했다. 오래전에 했었던 국선도를 떠올려보긴 했지만 고요하게 호흡만 하는 방식이라 잡생각을 떨쳐버리기 힘들 것 같았다. 단전호흡과 강력한 허리운동을 함께 하는 혈기도 도장을 찾아갔다. 오랜만에 하는 스트레칭과 허리운동이 힘에 부쳤지만 희한하게도 2시간을 하고 나니 머릿속에서 바글거리던 것이 조금 가라앉는 것이 느껴졌다. 혼자 이 세상에서 죽지 않고 살려면 오로지 운동하는 것밖에 길이 없었다.

하지만 혈기도를 시작한 지 한 달도 채 못 되어 또 심한 몸살로 앓아누웠다. 익숙한 현상이다. 용을 쓰면서 버티는 운동은 늘 이런 식으로 몸이 반응했으니까. 견디기 힘드니 그만두라는 신호였다. 이미 몸에는 피부염이 창궐하고 있었다. 얼굴 한 구석이 가렵더니 뺨과 턱, 목 전체로 빨갛게 번졌다. 처음 본 사람은 화상 환자라고 생각할 만큼 정도가 심했다. 병원에서는 그냥 습진이란다. 항히스타민제와 소염제, 소화제를 처방받았을 뿐이다. 원인을 모른다는 뜻이다.
이 피부염은 두 달간 지속되다가 겨우 가라앉았는데 가족이 모이는 명절, 남편 생일, 기일 같은 기념일이면 여지없이 올라와서 몇 주 동안 고생을 시켰다. 남편의 지인들이 위로의 말을 건네도, 심지어 TV에서 누군가 죽었다는 뉴스와 함께 장례식장 장면이 나와도 재발했다. 심인성이 확실했다.
의식의 영역에서는 괜찮다고 다독여놓았지만 무의식과 몸은 아직 괜찮지 않다고 자꾸 신호를 보내는 거였다. 물론 점점 정도가 약화되기는 하지만 말이다. 아마 이 글을 쓰고 나서도 솟아오를지 모른다.

가려움증이 한두 시간이나마 완화되는 것은 딱 두 가지 경우였다. 집에서 체조와 단전호흡을 하고 났을 때와 주 1회 댄스스포츠를 하고 났을 때였다. 마치 약을 바른 것처럼 한두 시간 동안 가려움증이 조금 완화되었다. 체조와 단전호흡은 남편이 가고 난 후부터 시작한 거였다. 그 전에는 24시간 간병인 신세라 체조는커녕 밤잠도 제대로 자지 못했다. 남편은 계속 부축이 필요했고 어디서 넘어질지 무엇을 떨어뜨려 다칠지 매 순간 살얼음판을 걷는 것 같았다.
침대에서 내려오다 살짝 엉덩방아를 찧어 허리뼈가 골절되어 재활운동치료를 몇 달 동안 쉴 수밖에 없었던 적도 있었다.
그러니 한 순간도 혼자 둘 수 없었다. 내가 강의 등으로 불가피하게 외출할 때에는 누군가를 데려다 놓고서야 나갈 수 있었다. 내 운동은 언감생심이었다. 탭댄스도 중단했다.

그러면서도 매주 1시간 댄스스포츠는 기를 쓰고 유지하려 했다. 그게 유일한 운동이었으니까. 가까운 곳에 사는 남편 친구가 어느 날 문병을 오겠다고 해서 "저, 죄송한데 제가 외출하는 시간에 와주실 수 있나요?"라고 물어보았다. 그리고 "매주 일요일, 딱 한 시간만 운동도 하고 시장도 보고 오려고요"라고 염치불구하고 부탁했다. 그는 정말 고맙게도 매주 바쁜 시간을 내어 와주었고, 그 덕분에 나는 댄스스포츠를 중단하지 않고 계속할 수 있었다. 9개월 동안 그게 유일한 숨 쉴 구멍이었다.

지루하지도, 힘들지도 않은 새로운 운동

이제 더더욱 운동이 필요했다. 몸이 그걸 요구하는 게 분명했다. 그런데 몸살을 앓고 나니 헐기도는 못 하겠다는 생각이 들었다. 그렇다고 집에서 춤 연습을 계속하기도 쉽지 않았다.

이즈음 나는 왈츠의 프리댄스를 훈련하고 있었다. 앞서 이야기했듯이 프리댄스는 남자가 보내는 사인을 눈치껏 받아 호응하는 게 핵심이다. 그런데 집에서 혼자 연습하면 오히려 프리댄스의 순발력을 깎아먹는다. 그렇다고 이미 다 배운 라틴댄스의 루틴만 지루하게 반복할 수는 없었다. 지루한 건 못 참을 뿐 아니라 혼자 하는 연습으로는 머릿속에서 바글거리는 것들을 가라앉힐 수가 없었다. 집에서 매일 체조와 스트레칭을 계속 하고 있기는 하다. 매일 하는 반복의 효과는 강력해서 6개월쯤 지나니 다리를 벌리고 가슴을 바닥에 대는 것이 가능해졌다. 입시 체력장으로 다져진 열아홉 살 때에도 될까 말까 했던 자세였는데, 혈기도에서 스트레칭과 호흡을 결합하는 방법을 익혀 매일 반복하니 이 나이에도 그게 되긴 했다. 하지만 그것만으로는 부족하다. 지루하지도, 힘들지도 않은 새로운 운동이 필요했다.

탭댄스를 다시 할 엄두는 나지 않았다. 지하철을 갈아타며 40분쯤 가야 하는 곳이기도 했지만 혈기도 정도의 운동도 소화하기 힘든데 한 시간을 뛰는 탭댄스는 무리일 것 같았다. 자신이 없다. 조금 더 부드러운 춤이 없을까?

집에서 5분 거리에 있는 벨리댄스 학원이 생각났다. 전철역 입구에 있어 매일 오가며 그 간판을 보았지만 벨리댄스를 해볼 생각은 해보지 않았다. 저건 뭘까 하는 호기심 정도였다고나 할까? 솔직히 말해서 나는 벨리댄스를 살찐 사람들이 뱃살을 빼기 위해 추는 춤이라고 생각하고 있었다. 나도 나이를 먹으니 허리가 굵어지기는 했지만 일부러 운동을 해가면서 몸매 관리를 할 필요는 느끼지 않았다.

이집트의 벨리댄스를 만나다

오히려 호기심을 자극한 것은 학원이름과 함께 붙어 있던 '이집트국립무용협회'라는 다소 어색한 명칭이었다. 사실 이걸 보고서야 "벨리댄스가 이집트 춤이야?"라고 처음으로 생각했다. 최소한의 지식도, 관심도 없었던 거다. 그런데 '국립'은 뭘까 싶었다. 한국에 이집트의 '국립' 단체가 있을 리 만무이지 않은가. 나중에 이곳에서 벨리댄스를 배우면서야 그 이유를 알았다.

원장 이주연 선생님은 대학에서 한국무용을 전공한 후 벨리댄스로 전향했고, 이집트로 가서 마흐무드 레다Mahmoud Reda(1930~)에게 벨리댄스를 비롯한 이집트 민속무용을 배우고 돌아온 분이다. 마흐무드 레다는 이집트의 국립무용단인 '레다트룹'을 만들고 문화부 차관까지 지낸 분이다. 이주연 선생님은 한국인으로서는 최초로 그의 전수자가 되었다. 이 벨리학원이 이집트의 국립무용단을 만들고 이끈 레다의 춤을 계승하고 있다는 걸 강조하고자 이런 어색한 명칭을 붙였다는 게 이해됐다.

당시 내 처지는 뭘 가리고 따질 수준이 아니었다. 집에서 가까운 곳에서 새로운 춤을 배울 곳이 있다면 망설이지 말고 시작해야 했다. 벨리댄스 학원의 문을 밀고 들어갔다. 강습은 주 2회란다. 더 좋다. 남편이 내 일을 모두 끊어놓고 갔으니 시간은 많다. 몸과 마음의 힘이 완전히 바닥이어서 당장 일을 더 늘릴 수도 없다.

남편이 쓰러지기 몇 달 전에, 나는 두 권의 책을 출간했고 그것으로 최근 10년 동안의 작업을 얼추 정리한 셈이 됐다. 이래저래, 여태까지의 내 몸과 마음과 머릿속을 들여다보며 반추하는 시간이 필요했다. 그러니 힘들지 않은 운동으로 시간을 채우는 게 유일한 출구였다. 댄스스포츠와 벨리댄스까지 주 3회를 춤 배우기 시간으로 박아놓으면 그 진도를 따라 집에서도 계속 몸을 움직이며 복습하게 될 터이다. 그렇게 하자. 생각지도 않았던 벨리댄스는 이렇게 내 삶 속으로 들어왔다.

벨리댄스, 꼭 그렇게 벗어야 하나요?

낯선 문화권의 춤

벨리댄스란 사실 우리에게 아주 낯선 문화권의 것이고 그만큼 오해도 많다. 벨리댄스는 현재 이슬람권으로 이야기되는 서아시아와 아프리카 북부(이집트, 모로코, 알제리 등)와 터키 등에서 추는 민속춤의 일종이다. 지금은 우리나라에서도 히잡을 쓰고 다니는 외국인 여성을 심심치 않게 보게 되지만, 아직도 이슬람권의 문화는 우리에게 여전히 낯설다. 최근 예멘 난민 사태의 예에서 보듯 편견이나 공포심도 만만치 않다. 왼쪽에서 오른쪽으로 쓰는 그 이상스러운 문자도 낯설고 도대체 따라 할 엄두조차 나지 않는 요상스러운 음악도 낯설다. 그러니 몸을 비비 꼬는 듯한 춤은 오죽하겠는가.

낯선 문화란 늘 야만적이라고 느껴지기 마련이다. 수저 등 도구를 사용하는 사람들에게 손가락으로 밥을 먹는 사람들의 모습은 생경하고 야만적으로 느껴진다. 하지만 그건 그냥 그들의 문화일 뿐이지 문명과 야만의 이분법으로 설명할 건 아니다. 마찬가지로 우리나라의 춤, 비교적 익숙한 중국과 일본의 춤, 혹은 우리가 '선진국'이라 흠모해 온 서유럽의 춤에 비해, 그 외 문화권의 춤은 그저 몸 움직임만으로도 낯설고 생경하다. 노출 많은 의상을 입고

허리와 골반을 마구 흔들어대는 벨리댄스는 더 말해
무엇하랴.

벨리댄스를 더 오해하게 만든 유입경로

설상가상 우리나라 사람들은 벨리댄스를 미국 대중문화를
통해 처음 본격적으로 접했다. 물론 일제강점기 말 최승희의
〈보살춤〉 같은 작품에서 볼 수 있듯 아시아적 이국성이
물씬 넘치는 서남아시아의 민속춤이 이른바 '대동아공영권'
이데올로기와 함께 소개되기도 했지만 본격적이었다고는
볼 수 없다. 중동 지역의 춤은 해방 후에 미국을 통해, 그것도
미군의 문화가 물밀듯 들어오면서 본격적으로 접했으니
'대동아공영권' 시대보다 더 심각한 왜곡이 있을 수밖에
없었다. 말하자면 우리가 1950~60년대에 할리우드 영화나
미국식 쇼 무대를 통해 접한 벨리댄스는 서양 남성의
시선에 포획된 아시아 여성의 관능적인 몸을 지나치게 강조한
방식이었다. 소설 『자유부인』에서 보듯 밀착된
타이트스커트와 그 밑에 노출된 하얀 종아리에조차 가슴이
울렁거렸던 당시 한국인들에게 배를 드러내고 골반을
정신없이 흔드는 춤이란 스트립쇼와 다를 바 없어 보였을
것이다.

실제로 1968년 인도네시아에서 한국의 쇼단이 벨리
댄스를 흉내 낸 스트립쇼 같은 춤을 공연하다가 인도네시아
당국으로부터 금지처분을 당했다는 보도가 있었다. 당시
한국인이 대중적 쇼에서 벨리댄스를 추었다면 그걸 어디서
배웠겠는가. 십중팔구 미군부대 밤무대 쇼였을 것이다.

인터넷 검색을 해보면 벨리댄스가 세계에 알려진 건 20세기 초 시카고 박람회부터였고 '벨리댄스'란 용어도 이때부터 쓰인 것이라는 얘기가 마치 '복사하기-붙여넣기'를 한 것처럼 반복적으로 나온다. 본격적인 조사를 해보지 않아 잘 모르겠지만 혹시 이 박람회가 1893년 시카고 컬럼비아 만국박람회가 아니었을까 싶기도 하다. 이즈음 만국박람회는 제3세계 지역의 인종과 문화를 서구의 시선으로 소개하는 게 유행이었으니, 이 시대에 벨리댄스가 미국에 어떤 방식으로 수용되었을지 짐작할 만하다. 그래서 미국의 벨리댄스는 화려한 소품을 많이 이용하며 하이힐까지 신고 추는 대중적 쇼의 성격이 강하며 흔히 '아메리칸 카바레 스타일'이라고 부른다.

아랍에서는 배를 드러내지 않는다

오히려 이집트를 비롯한 벨리댄스의 본고장에서는 벨리댄스를 출 때 배를 드러내지 않는다. 물론 예전부터 그랬던 것 같지는 않다. 이집트에는 기원전 3천 년도 넘은 그림에서 지금의 벨리댄스와 흡사한 춤 동작이 발견된다고 하고, 영어 위키백과에도 벨리댄스란 말이 '배의 춤danse du ventre'이라는 프랑스어에서 나왔다는 설명이 있다. 프랑스에 온 알제리인들이 복부를 화려하게 움직이는 춤을 추는 것을 보고 프랑스인들이 이렇게 불렀다는 것이다. 다산을 기원하며 여성의 배를 숭상하는 것은 전 세계 민속에서 많이 나타나는 현상이니 이런 춤은 충분히 이해할 만하다. 결혼식에 벨리댄서를 불러다 춤을 추게 하는 풍습도 이와 관련지어 생각할 수 있다. 그러나 후대에 이슬람교가 정착하며 그와 충돌하는 지점이 있었을 것이다. 동서고금의 문화사가 말해주듯 고대부터 내려온 이런 민속문화는 중세와 근대의 도덕주의와 충돌하면서 통제되고 변형되기 마련이다. 그러면서 춤출 때 복부 노출을 못 하게 되었을 것이다. 단, 서유럽과 가까이에 있는 터키의 벨리댄스는 이집트나 아라비아반도의 춤에 비해 몸을 많이 노출한다.

그냥 편한 옷 입고 시작하세요

설명이 지나치게 길어졌는데, 내가 하고 싶은 말은 벨리댄스의 핵심은 배와 골반의 움직임이란 것, 그리고 그 춤이 우리나라 사람들이 느끼는 만큼 음탕하고 외설적이지 않다는 것이다. 그래도 나는 한국에서 평생을 살아온 여자이니 벨리댄스에 입문하면서 그 야한 복장이 꽤 꺼려지는 건 사실이었다. 나만 그렇겠는가. 초보자 누구에게나 이 질문을 받는 선생님은 배를 드러내지 않아도 되니 그냥 편한 옷을 입고 오라고 강조했다.

사실 이제 와서 여러 춤을 비교해 보니 벨리댄스야말로 장비에 관한 한 가장 저렴하다고 할 수 있다. 댄스스포츠나 탭댄스는 모두 전용 슈즈가 필요하지만 벨리댄스는 '맨발'로 춘다. 벨리댄스의 공연의상은 화려한 치마의 형태도 많지만 연습 때에는 움직임을 정확하게 눈으로 확인해야 하므로 몸에 밀착된 티셔츠와 바지를 입는 게 좋다.

단 한 가지 꼭 필요한 것은 히프스카프이다. 골반에 두르는 스카프인데 동전 모양의 장식이나 꽃술 같은 것을 주렁주렁 매단 형태가 많다. 히프스카프를 둘러야만, 몸의 움직임을 좀 더 정확하고 쉽게 파악할 수 있다. 벨리댄스 용품 파는 곳에서 구입할 수 있고 집에 있는 스카프를 이용해도 된다.

나도 스카프를 허리에 두르고 시작했다. 다른 회원들은 모두 배를 드러내놓고 있었지만 그건 도저히 엄두가 나지 않았다. 그런데 웬걸! 보름쯤 지나자 배를 드러내고 싶어졌다. 선생님의 설명이 이런 식이었기 때문이다. "자, 보세요. 이 동작은 골반이 오른쪽 왼쪽으로 중심 이동을 합니다. 배꼽이 중심에서 벗어나 있죠? 그것에 비해서 아까 했던 동작은 배꼽이 중심을 벗어나지 않아요. 골반을 옆으로 쳤지만 배꼽의 위치는 그대로죠? 그게 차이에요." 혹은 "골반을 더 많이 비틀고 위로 많이 올려야 해요. 옆구리의 살이 이만큼씩 주름 잡혔다 풀어졌다 해야 합니다." 설명이 이러니, 나도 내 몸의 움직임을 눈으로 확인해야 정확한 동작을 하는지 알 수 있는 거였다. 결국 어느 날, 티셔츠의 아랫부분을 속으로 접어 올려 배꼽을 드러내고야 말았다. 그리고 얼마 지나지 않아 나는 인터넷쇼핑 사이트에서 '크롭티(배꼽티)', '벨리복 상의' 같은 검색어를 치고 있었다. 나보다 한두 달 먼저 시작한 스무 살 수강생이 자기도 처음에는 배를 꽁꽁 싸매고 시작했다고 웃으며 말했다. "크크크, 결국은 다 배를 내놓게 되더라고요."

골반과 허리가 노골노골

근육이 굳어가는 나이

어릴 적에는 할머니들이 왜 그토록 몸을 주물러달라고 하는지 이해하지 못했다. 서른이 넘으면서 나도 누군가 내 어깨를 주물러주면 시원하고 좋았다. 하지만 그때까지만 해도 팔다리까지는 아직 아니었다. 50대 말에 이르니 이제 이해하겠다. 나이가 들면 온몸의 근육이 쉽게 굳어진다는 게 몸으로 느껴진다. 여기저기 관절이 아픈 것도 꼭 관절을 많이 썼기 때문이라기보다는 근육이 굳으면서 관절을 이상하게 누르고 당기는 상태에서 관절이 과로했기 때문인 것 같다. 관절이 아플 때 사람들은 흔히 그 관절 부위만 주무르거나 파스를 붙인다. 그러나 이건 정말 일차원적인 대응이다. 그 관절과 연결된 다양한 근육들을 넓게 주무르고 이완시키면 바로 다음 날 관절의 통증이 낫는 경험을 하게 된다. 예컨대 검지의 관절이 아프고 손가락이 부었을 때 그와 연결된 팔의 근육을 주무르고, 무릎 관절이 아플 때 허벅지 앞쪽 대퇴근을 두드려 풀면 해결되는 식이다.

이제 운동을 안 하면 바로 근육으로 신호가 온다. 몸이 굳어 있다고, 뻑적지근한 몸을 빨리 풀어달라고. 따끈한 온탕이나 찜질방에서 몸을 푸는 것도 한 방법이다. 이 방법은

열로 근육을 이완시켜 뻑적지근함을 푸는 것이다. 하지만 그렇다고 근육이 강화되지는 않는다. 그러니 일상으로 돌아오면 다시 굳고 약한 근육 상태로 돌아간다. 그와 달리 운동은 스스로 몸을 움직여 체온을 높이고 굳은 몸을 푸는 동시에 근육까지 강화시키는 방법이다. 귀찮고 힘들다는 게 치명적일 뿐.

이런 이유로, 나이가 들수록 고정된 자세를 유지하는 춤보다 경망스럽게 움직이는 춤이 더 운동효과가 좋다고 믿는다. 왜냐하면 이완시키면서 동시에 강화시켜야 하기 때문이다. 내 경험으로는 골반부터 허리까지를 빳빳이 유지하며 버티는 발레나 왈츠보다는 골반과 허리를 휘두르는 룸바나 차차차, 자이브 같은 라틴댄스가 훨씬 더 몸이 잘 풀린다.

골반 동작만 스무 가지가 넘는 댄스

그런데 벨리댄스를 배워보니 이 점에서는 거의 '지존' 수준이다. 벨리댄스의 가장 중요한 특징은 머리, 가슴, 배, 골반, 팔, 다리가 각기 따로따로 움직이는 것이다. 그중에서도 팔다리가 아닌 몸통 부분, 그중에서도 배와 골반의 움직임이 가장 중요하다. 라틴댄스에서는 골반을 양옆으로 치거나(히프 무브먼트), 누운 8자 모양을 수평으로 그리면서 몸을 꿈틀거리는(쿠카라차) 정도였다. 그런데 벨리댄스는 그 정도가 아니다.

1년 남짓 배운 동작들을 돌이켜보면, 배와 골반을 움직이는 동작만 스무 가지가 넘는 것 같다. 골반을 양옆으로 치는 히프 범프, 가슴 위쪽은 고정시킨 채 골반만 양옆으로 미는 히프 슬라이드, 허리를 비틀어 골반의 방향을 바꾸는 히프 트위스트, 한쪽 골반만 위로 올리거나 내리는 히프 업과 히프 드롭, 여기까지는 비교적 쉽다. 그런데 라틴댄스의 쿠카라차 동작처럼 골반을 누운 8자로 그리는 것만이 아니라 위로 올렸다가 말아 들여 반대편으로 내리면서 8자를 그리거나, 반대로 위로 올린 골반을 바깥쪽으로 밀면서 8자를 그리는 동작, 심지어 골반의 겉가죽은 그대로 둔 채 그 안에서 골반 뼈만 타원을 그리며 움직이는 동작도 있다. 흔히 개그맨들이 웃기려고 하는 '꿀렁꿀렁 배'의 동작도 다양하다. 배를 위, 중간, 아래의 세 부분으로 나누어 따로 움직인다. 그냥 배 근육만 움직이는 스토막, 척추까지 함께 움직이는 턱, 턱리버스, 캐멀, 리버스캐멀, 벨리롤, 롤업, 턱롤, 턱리버스롤 등, 수많은 이름이 각각 다른 동작을 지칭한다. 배와 골반 동작만 나열한 건데 이 정도다.

'도대체 어떻게 저렇게 기기묘묘하게 움직이지?' '어떻게 저런 동작이 가능한 거야?' 처음에는 그저 놀랍기 그지없었다. 라틴댄스를 하면서 나름 골반과 허리를 잘 움직인다고 자부하고 있었다. 친구들과 인도 여행을 갔을 때 골반을 옆으로 뺀 기묘한 자세의 석불 앞에서 흉내를 내본 적이 있다. 사진으로 확인해 보니 다른 친구들보다 내가 뼈 한 마디는 더 내보낸 자세를 취하고 있었다. 그런 정도인 나조차 결코 따라 하기 쉽지 않은 동작이 많았다. 특히 배를 세 부분으로 나누어 따로 움직이는 건 지금도 잘 안 된다. 아랫배와 배꼽 부위까지 다 놔두고 횡경막 부분만 앞으로 내밀라고?

그게 어떻게 가능할까 싶은데, 선생님은 물론이고 몇 년 배운 선배들은 멀쩡하게 다 따라 하고 있다.

골반을 푸는 것의 중요성

골반이 받치고 있는 배 부분에는 정말 많은 것들이 들어 있다. 폐와 심장을 제외한 대부분의 장기가 다 거기에 오밀조밀 들어앉아 있다. 그런데도 우리가 살면서 배와 골반을 의식적으로 다양하게 움직여볼 기회는 그리 많지 않고, 나이가 들면서 점점 몸통의 근육들도 약해진다. 그런데 벨리댄스는 바로 이 부분을 집중적으로 움직여서 풀어주는 것이다. 그것도 마사지나 찜질, 기구 등 타력에 의존하는 것이 아니라 오로지 자력으로만 움직이니 경직된 근육이 풀어지면서 동시에 강화된다. 예컨대 이집션 쉬미Egyption shimmy라는 동작이 있다. '쉬미'란 떠는 것처럼 빠르게 반복하는 동작을 의미한다. 이집션 쉬미는 무릎을 앞뒤로 조금씩 움직이면서 허벅지를 빠르게 움직이는 동작인데, 허벅지만 떨리는 게 아니라 배와 가슴까지 상체 전체가 그 여파로 함께 떨린다. 속칭 '덜덜이'라고 부르는 헬스클럽의 진동기계를 약하게 가동시키는 것과도 흡사하다. 스스로의 힘으로 움직이는 '셀프 덜덜이'다. 진동기계의 효과에다 허벅지와 골반 운동까지 겸해지는 셈이다.

그래서 벨리댄스를 배운 사람들이 가장 많이 이야기하는 몸의 변화는 변비 해결이다. 여태껏 굳어 있던 배를 요동치게 하니 장이 가장 먼저 반응하는 것이다. 몸속 근육이 강화되었는지 요실금이 나아졌다는 사람도 있다. 나는 이 증상은 없어서 체험하지 못했지만 식사 후 위장이 움직이지 않아 소화불량이 생길 때 벨리댄스를 하고 나면 해결되는 걸 몸으로 느낄 수 있었다. 이렇게 적극적인 내장운동은 처음 경험해 본다.

뿐만 아니다. 척추와 그 부근의 근육을 함께 움직이는 캐멀이나 롤업 같은 동작은 등과 허리를 전혀 써보지 않던 방식으로 움직이게 해주었다. 마치 등뼈 하나하나를 도미노 게임을 하듯 차례로 밀어내는 동작들이다. 처음 이 동작을 배울 때에는 등허리 어딘가에 숨어 있던 근육들이 "나 여기 있었어요!"라며 소리치는 것 같았다. 이제는 이 동작을 연습하고 나면 허리가 노골노골해지며 아주 시원해진다.

50년 전에는 훌라후프도 음란했다

벨리댄스에 들어선 지 몇 달 지나지 않아, 외설스럽고 야하다는 느낌은 완전히 사라졌다. 이렇게 몸이 시원한데, 남들 눈에 어떻게 보이든 그게 뭔 대수냐 싶다. 다들 배꼽 드러내고 과감히 움직이는데 나만 쭈뼛거리는 게 더 창피한 거다.

어릴 적 우리 할머니는 내가 훌라후프를 사는 걸 극구 반대했다. 계집애가 어디서 '방뎅이'를 흔들어대냐는 것이다. 집 안에서만 하겠다고 해도 안 된다고 하셨다. 할머니가 태어나고 자란 1900년대에는 여학교에서 가장 거부감이 심했던 과목이 체조를 가르치는 시간이었단다. 팔다리가 몸통과 떨어져서 활발하게 움직이도록 하는 게 너무 음란하다고 느낀 것이다. 이런 시대에 자랐으니 아무리

미니스커트 시대가 왔다 해도 손녀딸의 훌라후프는 도저히 봐줄 수 없었을 것이다. 훌라후프조차 금지당했던 우리 세대는 요즘 젊은이들처럼 허리로 웨이브를 만드는 춤은 감히 흉내도 내보지 못했다. 이렇게 평생 살아온 나의 골반과 배가 벨리댄스 덕분에 해방됐다.

혼자 추는 춤, 어깨와 팔이 자유로워지다

불편하던 거울과 마주하다

벨리댄스는 새로운 경험을 많이 선사했다. 여태껏 배운 댄스스포츠는 커플댄스였는데 벨리댄스는 파트너 없이 혼자 추는 춤이기 때문일 것이다. 크게 두 가지가 달라졌다. 하나는 거울을 보면서 연습을 하게 되었다는 것이다. 춤 연습을 하면서 거울을 보는 게 뭐 그리 새로운 일일까 싶지만 커플댄스는 파트너에 집중해야 하기 때문에 거울을 보면서 연습할 수가 없다. 더 근본적으로는 춤의 속성상 거울이 그다지 필요하지 않다고 해야 할 것이다. 이런 커플댄스는 공연을 위한 춤이 아니라 사교를 위한 춤에서 출발했다. 즉, 한쪽 면에 관객이 앉아 있는 극장 무대에서 공연되는 춤이 아니다. 거울을 본다는 것은 춤추는 자신을 비춰보고 모니터를 한다는 의미도 있지만 관객이 앉아 있는 방향으로 모든 시각적 배치를 조정한다는 것을 의미한다. 근대 서구가 만들어놓은 프로시니엄 무대의 속성이 그렇다. 이 원리를 가장 철저하게 드러내는 것이 발레다. 정면에서 볼 때 가장 아름답도록 몸의 자세와 매 순간 움직임을 철저하게 조율해 놓은 춤이다. 발레를 무대 옆면이나 뒤편에서 본다고 상상해 보자. 결코 아름답지 않다.

손 따로 발 따로 게다가 머리 따로

또 한 가지 새로운 경험은 팔과 어깨를 적극적으로 쓰게 됐다는 점이다. 커플댄스에서는 파트너의 어깨를 잡는 자세를 유지하기 때문에 팔을 움직이는 동작이 많지 않다. 탭댄스는 혼자 추는 춤이긴 하지만 주로 발로 소리를 내는 것에 치중하기 때문에 팔과 손의 동작은 그리 많지 않다. 한마디로 그동안 췄던 춤은 오로지 발 움직임에만 집중하면 되는 춤들이었다.

그런데 드디어 벨리댄스에 이르러 팔과 손까지 함께 움직이는 춤을 배우게 되었다. 이거 완전 '멘붕'이다. 발과 하체 움직임도 따라 하기 힘든데 여기에다가 손과 팔 따로, 머리 방향 따로 움직여야 한다. 나이 들면서 점점 '멀티'가 잘 안 되는데 서너 가지를 한꺼번에 생각해서 움직여야 하니 정말 힘들다. 발은 오른쪽으로 디디면서 왼손은 위로 오른손은 아래로, 그러면서 골반은 빠르게 쉬미로 움직이면서… 손동작이 맞으면 발이 틀리고, 허리 돌리기는 맞았는데 머리의 방향이 틀렸다. 아, 어쩌면 이렇게 안 될까? 정말 몸치인가 보다.

벨리를 배우며 최승희를 생각하다

게다가 무대용 춤의 기본 자세가 몸에 배지 않았으니 더 힘들다. 이주연 선생님은 어릴 적부터 발레를 했고 대학에서 한국무용을 전공한 후 벨리댄스를 배웠단다. 선생님의 스승인 마호무드 레다의 춤도 발레가 기본이다. 이집트의 국가대표 체조선수였고 외국 여러 나라에서 춤을 배우고

무용수로 활동한 바 있다. 발레의 몸놀림과 공간 운용 방식에 이집트 민속무용을 결합해 자신의 벨리댄스의 기본을 정착시켰다(최승희나 조택원이 춘 한국무용과도 비견될 만하다. 1920~30년대 일본의 이시이바쿠에게 서구 근대의 무대용 춤을 몸에 익힌 후, 한국 전통 춤을 그 방식으로 조율하여 안무한 것이 최승희, 조택원, 김백봉, 송범 등의 신무용이다. 우리가 알고 있는 부채춤 등은 한국 전통 춤이 아니라 모두 그렇게 20세기 중반에 만들어진 신무용이다. 최승희가 기초를 닦아놓은 북한과 중국 조선족자치주의 무용단에서 발레로 몸 훈련을 하는 것은 그 이유에서다).

그러니 선생님이 가르쳐주는 춤의 동작에는 아라베스크 같은 발레의 기본 동작들이 꽤 있다. 발레를 배웠다면 거저먹기였겠지만, 그 기초가 없는 나 같은 사람은 그 자세를 따라 하는 게 안무동작 배우는 것보다 더 힘들다. 하지만 어차피 무용수가 될 것도 아니니 하는 데까지만 해보는 거다. 오히려 이번 기회에 팔과 어깨를 다양하게 움직여볼 수 있으니, 이 또한 이득이다.

가장 힘든 어깨 동작

사실 댄스스포츠를 하면서 예전보다는 오십견 증상이 많이 완화되었지만 완전하지는 못했다. 여전히 팔을 올리거나 내릴 때 속에서 버걱거리는 게 느껴졌다. 그런데 이제 벨리댄스로 그 굳은 어깨를 본격적으로 풀어야 될 때가 된 것이다.

벨리댄스의 쉬미(진동하듯 빠르게 반복하는 동작) 중

상체를 이용하는 대표적인 것이 숄더쉬미이다. 어깨를 번갈아 앞뒤로 왔다갔다 빠르게 흔드는 동작이다. 그래도 골반과 허리를 이용한 동작들은 초보자치고는 꽤 따라 하던 내가, 숄더쉬미에서 완전히 막혀버렸다. 남들에 비해 거의 다섯 배쯤 느린 것 같다. 스무 살 수연 씨는 나에게 "오빠~~ㅇ" 하고 가슴 흔들면서 애교 떠는 몸짓과 비슷하다고 설명해주었는데, 그건 더 난해한 팁이다. 한 번도 해본 적이 없는, 아니 상상도 해본 적 없는 동작이다.

선생님이 설명해준 대로, 견갑골을 앞뒤로 미는 방식으로 연습해보았지만 아주 힘이 들었다. 오른팔과 왼팔을 똑같이 들어 올린다고 생각했는데, 거울을 보면 오른팔이 살짝 처져 있는 것도 그쪽이 고장 나 있다는 증거였다. 어깨를 앞뒤로 굴리는 숄더롤링이나 스네이크암스(팔을 뱀처럼 구불구불 움직이는 동작)도 여러 번 반복하면 엄청나게 힘들었다. 어쩌지? 어쩌긴 뭘 어쩌겠는가. 이번 기회에 어깨를 해결해보는 거지. 뭐, 남들 앞에서 공연할 것도 아니지 않은가. 이렇게 마음먹으니 편했다.

하지만 가랑비에 옷 젖는다는 말이 있지 않은가. 시간이 축적되니 전혀 안 될 것 같던 이 동작도 조금씩 늘었다. 안무에 이 동작이 계속 나오니 조금씩이라도 하게 된다. 주 2회 꼬박꼬박 학원에 다니며 연습한 게 1년이 넘으니, 이제 안무에 살짝 스쳐 지나가며 나오는 몇 초의 숄더쉬미는 그럭저럭 할 수 있게 됐다. 그에 따라 어깨 굳은 증상은 눈에 띄게 좋아졌다. 최근 한의사가 내 어깨를 만져보고는 승모근(목, 어깨를 거쳐 견갑골에 이르는 근육)이 예전보다 많이 부드러워졌다고 말했다.

탁구공처럼 튀지 말자

성격에서 나오는 특성도 재차 확인됐다. 내가 다른 사람에 비해, 박자에 아주 정확하고 빠르게 톡 튀듯 움직이며 그러기 위해서 몸을 많이 긴장하고 있다는 걸 깨닫게 됐다. 긴장을 풀고 좀 더 여유 있고 묵직하게 누르듯 움직이라는 지적을 종종 받는다.

커플댄스 배울 때에도 급하게 움직이지 말라는 지적을 받곤 했다. 그땐 내가 남의 눈치를 보지 않아 남자의 사인을 못 받고 먼저 움직이는 거라고 생각했다. 그런데 이번엔 혼자 추는 춤인데도 그게 나타났다. 내가 지나치게 정확하게 박자에 맞춰 빨리 움직이는 습관을 지니고 있다는 게 확인된 것이다. 어떤 때에는 농구공처럼 움직여도 되는데, 난 항상 탁구공처럼 튀고 있었던 거다. 그렇게 움직이려니 몸을 긴장시켜 늘 대기상태로 만들고 있었을 것이다. 몸과 마음에 밴 그 '습習'이야말로 내 번뇌와 병증의 근원일 수 있다. 댄스스포츠를 배우면서 나에 대해 참 많이 깨닫게 됐는데, 혼자 추는 벨리댄스에서도 그렇다. 내용이 다르지는 않으나, 다른 느낌으로 더 확신 있게 다가왔다.

이렇게 벨리댄스를 배우면서 나의 상체는 많이 자유로워지고 내 습관도 점점 더 정교하게 확인되고 있다. 손과 팔로 하는 여러 동작을 해볼 수 있게 됐고, 그에 따라 상체를 가누는 능력도 향상되었다. 라틴댄스를 할 때 생긴, 파트너가 있는 앞쪽으로 몸을 기울이는 버릇도 혼자 추는 벨리댄스를 통해 조금씩 고쳐지고 있다. 그리고 내가 비비나 탁구공처럼 살아왔다는 것을 느낀다. 천천히라도 꾸준히, 더 묵직하게 가자고 다짐한다.

6부.

춤으로 세계여행

플라멩코와 훌라

이집트와 스페인에 가보진 못했지만

춤으로 세계여행?

벨리댄스를 배우면서 여러 나라의 다양한 민속춤에 대한 관심이 조금씩 생겨났다. 물론 본격적으로 종족무용학 공부를 하는 건 아니고, 그냥 직업적인 습관으로 조금씩 호기심이 발동하는 정도다. 탭댄스를 배우면서 국악 장단과 탭댄스를 합쳐보는 상상을 했던 것처럼 말이다. 라틴댄스를 거쳐 벨리댄스에 이르며 골반을 움직이는 춤을 추다 보니 다른 춤들은 또 어떻게 골반을 움직일까 궁금해졌다. 중앙아프리카에서는 어떻게 움직일까? 하와이의 훌라도 골반을 많이 쓰던데 그건 어떻게 다를까? 중동 지역과 가까이에 있는 인도도 골반 움직임은 장난이 아니던데 그건 또 어떻게 다를까? 발로 탁탁 소리 내는 춤도 여러 가지인데 미국의 탭댄스 말고 아일랜드 탭댄스는 어떨까? 동유럽에도 탭댄스가 있다던데….

운동 삼아 춤을 추기 시작한 것이니 춤과 피트니스를 결합한 계열에 관심을 더 기울여야 마땅할지 모르겠다. 예컨대 에어로빅댄스나 줌바댄스 같은 것 말이다. 그런데 나는 그런 춤엔 그리 마음이 가지 않는다. 이런 건 춤이라기보다는 그냥 운동이다. 예술문화적인 호기심을 자극하는 요소가 그다지 많지 않다. 머리를 비우려고 운동을 하는 건 맞다. 그래도 나는 지적인 재미가 전혀 없으면 지루해서 오래 버틸 수 없다. 작고 소박한 수준일지라도 뭔가를 분석하고 연결 짓고 설명할 거리가 있어야만 재미있다. 아무리 운동으로 춤을 배운다 할지라도 춤 자체의 재미가 있어야 한다. 적어도 나는 그렇다.

민속음악과 민속춤의 매력

민속춤이나 민속음악 같은 것들이 꽤 매력적이란 생각은 예전부터 하고 있었다. 국문과에서 구비문학 공부를 하면서 처음 맛보기 시작했고, 마당극운동에 깊숙이 간여하면서 전문 예술계의 바깥에 있는 다양한 민속예술에 맛을 들이기 시작했다. 그 전까지는 민요라 하면 〈진도아리랑〉이나 〈늴리리야〉 같은 것밖에 몰랐는데 〈둥당에 타령〉, 〈등짐소리〉, 〈질꼬내기〉 같은 토속민요를 듣고 따라 해보면서, 이른바 주류적이고 지배적인 문화 바깥에도 넓디넓은 예술의 세계가 있고 그것이 얼마나 흥미로운지 알게 됐다.

전 세계의 지배적인 예술문화는 서유럽과 미국의 근현대 문법이 장악하고 있다. 구미 지역에 속해 있지 않더라도 우리나라를 비롯한 많은 나라의 예술들은 구미 전문인들이 만든 예술을 전범으로 삼고 있다. 그 문법을 체득하여 만들어진 것들이 이른바 '세계 공통'이 되어 있다. 음악으로 치자면 '도레미파솔라시'의 7음계와 3화음 체계의 조성음악, 무용으로 치면 외부와 분리된 실내 극장의 한쪽에 관객을 앉힌 공간 구조와 기승전결의 시간적 구성을 갖춘 춤 같은 것 말이다.

그런데 근대 이전부터 존재했던 민속예술, 특히 비서구 지역의 민속예술은 이런 문법으로부터 벗어나 있어 재미있다. 이런 민속예술의 많은 것들이 비전문인과 하층민들의 것이어서 삶의 체취가 묻어 있는 그 소박함이 참 매력적이다. 그래서 벨리댄스도 도구를 화려하게 사용한 미국 스타일보다는 오로지 민속춤의 체취가 많이 남아 있는 이집트의 것이 훨씬 마음에 든다. 우리나라 춤도 국립발레단이나 국립무용단의 공연 못지않게 한영숙·박병천 같은 명인들이 남겨놓은 살풀이나 양북춤(장구를 치듯 양손에 북채를 들고 양편을 치면서 추는 춤) 같은 춤은 얼마나 매력적인가. 진도 양북춤의 명인 박병천 선생이 말년에 한국예술종합학교에 강의를 나오신 적이 있다. 학교 잔디밭에서 잠시 양북춤을 추신 적이 있는데 가까이에서 보니 정말 입이 떡 벌어질 정도였다.

음악도 마찬가지다. KBS교향악단의 연주 말고 민속학자들이 곳곳에서 녹음해 남겨놓은 민요와 연주들은 정말 재미있다. 임석재 선생이 해설과 함께 작은 녹음기로 들려주셨던 전북의 〈만물산야〉 같은 민요는 수십 년이 지나도 잊을 수 없다. 벨리댄스를 배우면 중동 지역의 음악에 맞춰 춤을 추게 된다. 마치 우리나라의 퓨전 국악과도 같은 음악이 많아서 대개 서양의 7음계를 얼추 따라가는 선율을 지니고 있긴 하다. 그러나 반음이 두세 개씩 연결되는 선율, 소리를 떨고 흔드는 독특한 장식음 등 중동 지역 음악의 독특한 질감을 여전히 유지한 작품들이다. 리듬도 '강약강약',

'강약약' 식으로 단순하지 않고, 10박자나 7박자 같은 희한한 리듬도 있다. 워낙 낯선 음악이라 아직도 익숙해지지 않지만 춤을 배우기 전보다는 많이 친근해졌다.

이런 것에 몰입하여 공부란 걸 하기 시작하면 또 골치 아파진다는 걸 잘 안다. 연극이 좋아 연극평론가를 하면 연극 보는 일이 '노동'이 되어버리는 것처럼 말이다. 안 돼, 안 돼! 문어발처럼 늘어놓았던 가닥을 쉰이 되면서 얼마나 애써서 잘라내며 한두 가지로 집중을 했는데, 또 문어발을 만들 수는 없다. 본격적으로 발을 들여놓는 짓은 하지 말아야 한다고 단단히 마음먹었다. 그래서 그냥 머리가 돌아가는 대로 호기심을 방치하다가 가끔 인터넷 검색을 하는 정도에 그친다.

이집트에서 바다를 건너면 스페인

그러다 어느 날 스페인의 플라멩코가 우연히 눈에 걸렸다. 이집트에서 좁은 바다를 건너 북쪽으로 가면 스페인의 안달루시아 지방이다. 플라멩코의 고향이 그곳이다. 2018년 현빈·박신혜가 주연한 TV드라마 〈알함브라 궁전의 추억〉의 배경이 되는 그라나다가 바로 안달루시아 지방에 있다. 오랫동안 이슬람권의 지배를 받아, 유럽 대륙에 붙어 있음에도 불구하고 유럽 같지 않은 면모를 많이 갖추고 있다는 정도를 상식으로 알고 있을 뿐이었다.

플라멩코는 어떤 춤일까? 손목과 손가락을 화려하게 놀리는 동작, 목소리를 떠는 듯 장식음이 많은 선율의 음악 같은 것을 보면 확실히 서유럽이 아니라 중동 문화의 영향을 적잖이 받았을 거라는 생각이 들자 또 호기심이 쑥 솟아올랐다.

서울에서 플라멩코 강습을 하는 곳을 찾아보았더니 몇 군데 없다. 댄스스포츠나 벨리댄스 배우는 곳이 동네마다 포진해 있는 것을 생각하면, 플라멩코는 그에 비할 바 없이 비대중적이다. 그나마도 대개 강남 지역에 집중되어 있고 수업료도 비싸다. 아직 플라멩코는 유럽여행 자주 다니는 여유 있는 사람들의 관심사인 것 같았다. 그러다 경기도 고양시에 플라멩코를 함께 추는 동아리가 있다는 걸 발견했고, 고양시의 백화점 문화센터 두 곳에 플라멩코 강습이 개설되어 있음을 알게 됐다. 그 동아리가 바로 이 강습을 하면서 맛을 들인 사람들이 모여 좀 더 본격적으로 춤을 연습하는 팀이었다. 선생님은 '올리바'라는 예명을 쓰는 이선옥 선생님. 대학 졸업 후에 스페인에 가서 플라멩코에 빠져 아예 전문 플라멩코 댄서가 되신 분이다. 백화점 문화센터는 대개 초심자를 대상으로 하고 있어 수업 수준이나 수강료 등에서 발을 들여놓기가 좀 쉬운 곳이다. 나 역시 살짝 맛을 보고 싶은 차에 딱 좋은 기회를 만났다.

이렇게 해서 주 1회 춤 강습이 또 생겼다. 일주일에 무려 네 번이나 춤을 배우러 다니는 셈이다. 춤바람이 나도 단단히 난 형국이다. 하지만 그냥 바람이나 충동구매 같은 건 아니다. 아직 예전처럼 일의 양을 늘릴 만큼 몸이 회복되지 않았다. 평생 쉴 틈 없이 일하며 살아온 습관이 몸에 배어, 틈이 생기면 자꾸 일을 하려는 관성이 있다. 일을 줄이고 운동과 휴식을 늘리는 습관을 몸에 배게 해야 한다. 그러니 체력이 좀 더 나아져서 일을 늘릴 수 있을 때까지 춤 배우는 시간을 더 만드는 것은 나쁘지 않다고 판단되었다. 그래, 이것도 기회라면 기회다. 할 수 있을 때 하자. 마침 그 백화점의 상품권이 하나 있었다. 그걸로 결제를 하니 공짜 강습을 하는 것 같아 기분이 확 좋아졌다.

구두도 치마도 묵직한 카리스마

플라멩코슈즈와 탭슈즈

새로운 춤을 시작했으니 또 새로운 장비가 필요해졌다. 물론 첫 시간부터 필요한 건 아니다. 얄팍한 운동화 신고 댄스스포츠 시작했고 집에서 입던 티셔츠 입고 벨리댄스를 시작했듯이 플라멩코도 그냥 있는 긴 치마와 구두 정도로 시작해도 된다. 나는 갖고 있는 옷 중에서 가장 폭이 넓고 긴 치마를 골라 입었다. 치맛자락을 잡고 휘두르는 동작이 가끔 있으니 긴 치마는 필수다. 구두는 굽이 뾰족하지 않은 것, 발뒤꿈치를 들었을 때 훌렁 벗겨지지 않는 것이면 된다. 나는 댄스스포츠 출 때 신던 신발을 준비해 갔다.

이 정도만 준비하면 일단 시작하는 데는 무리가 없다. 하지만 몇 주 지나자 플라멩코 전용 구두를 사고 싶어졌다. 플라멩코는 춤만을 의미하지 않는다. 음악과 춤이 결합해서 완성된다. 기타를 중심으로 한 음악과 무용수의 춤, 그리고 무용수가 춤추며 만들어내는 소리가 어우러진다. 무용수는 두 가지 방식으로 소리를 낸다. 하나는 손뼉 치기(팔마스), 다른 하나는 발로 소리내기(사파테오)다. 발로 소리를 내는 것은 거의 탭댄스나 다를 바 없다. 탭댄스의 독특한 소리를 위한 탭슈즈가 있듯이 플라멩코도 소리를 위해 독특하게 제작된 슈즈인 사파토가 있다. 탭슈즈는 앞과 뒤에 널찍한 쇠판을 붙인 것인데 플라멩코슈즈는 밑창 앞코 부분과 뒤축에 자잘한 못을 빼곡하게 박은 것이다. 밑창 전체를 고무나 가죽으로 만든 보통 구두와는 달리 금속을 박아 소리가 잘 나도록 한 것이다.

중고 슈즈를 샀다

그런데 플라멩코슈즈를 구입하는 건 그리 쉽지 않았다. 우선 우리나라에는 플라멩코 배우는 사람이 많지 않아 플라멩코 용품을 생산하는 사람이 극소수다. 해외에서 생산한 것을 사야 하는데 중국산은 11~12만 원, 스페인산은 20만 원을 훌쩍 넘는다. 선뜻 사기가 어려웠다. 이 비싼 걸 샀다가 발에 잘 안 맞기라도 하면 낭패다. 사기를 망설인 이유는 또 있다. 가격은 중고물품 직거래를 잘 이용하면 그래도 해결 가능하다. 5~15만 원 가격으로 중고 슈즈가 나오기도 하기 때문이다. 문제는 사파테오가 모두 높은 굽이란 점이다. 대개 5~6센티미터 정도이니 평소 하이힐을 신는 사람에게는 평범한 높이겠지만 평생 낮은 굽만 신던 나에게는 무리라고 보였다. 2~3센티미터 굽이 있으면 좋으련만 그런 건 국내에서는 구할 수 없다. 스페인 가서 직접 맞춰 신는 수밖에 없다.

그래도 발로 소리는 내보고 싶어서 탭댄스 배울 때 샀던 탭슈즈를 꺼내 신었다. 당연히 소리는 잘 난다. 그런데 소리가 너무 달랐다. 탭슈즈의 소리는 가볍고 경쾌하게 달그락거리는 것에 비해 사파테오의 소리는 훨씬 묵직하다.

수업 때마다 내 발소리만 달그락거리니 다른 사람에게 꽤 미안했다.

그러다 어느 날 고양시 플라멩코 동호회 사람들끼리 중고거래를 한다는 소식을 들었다. 안 쓰는 옷과 구두를 가지고 와서 값싸게 사고판다는 것이다. 득달같이 달려갔다. 이런 자리에서는 일단 신어보고 판단할 수 있으니 좋은 기회다. 누군가 꽤 오래 신은 듯한 빨간 슈즈가 2만 원에 나와 있었다. 10분쯤 망설이다가 사기로 했다. 5센티미터 굽을 신을 수 있을까 불안하기는 했지만 그리 비싼 값이 아니니 그냥 '질러'볼 만했다.

그다음 수업부터 사파테오를 신었다. 와우, 이런 높이의 굽은 40년 만이다. 대학교 1학년 때 이후로는 처음이니까. 춤을 위한 슈즈여서 볼이 넉넉하고 발이 배기지는 않는다. 하지만 역시 굽이 높아 발과 다리가 많이 피곤했다. 1시간 동안 연습하고 돌아오니 여기저기가 당기고 시큰거렸다. 그래도 하루쯤 발과 다리를 잘 풀어주면 견딜 만했고 그것도 점차 나아졌다. 어떤 구두도 신을 수 없었던 5년 전이라면 상상도 할 수 없는 일이다. 그동안 춤을 추면서 내 발과 다리가 건강해진 게 확실했다.

척척 감기는 무거운 치마

게다가 사파테오는 아주 무거운 구두다. 댄스스포츠 슈즈는 가죽으로 만든 것이라도 매우 가볍고, 탭슈즈도 쇠를 붙인 것치고는 그리 무겁지 않다. 그런데 사파테오는 아주 묵직해서 댄스스포츠 슈즈의 두 배에 육박한다. 그러니 무겁게 내리찍게 되고 묵직한 소리를 낸다. 그런데 슈즈만 무거운 게 아니다. 치마도 아주 무겁다.

처음에는 잘 몰랐다. 주름이 겹겹이 있는 화려한 치마면 되는 줄 알았다. 어차피 댄스스포츠를 할 때에도 입을 요량으로, 탱고를 추는 데 적합한 빨간 치마를 하나 샀다. 집에서 입던 치마에 비해 폭이 훨씬 넓어 치마를 펄럭이기에 좋았다. 역시 춤추기 편한 옷이란 게 따로 있는 법이다 싶었다. 게다가 층층 모양의 빨간 치마이니 휘두르는 맛이 있었다. 그런데 몇 주 지나자 선배 회원들의 치마 펄럭임과 뭔가 다르다는 걸 감지하게 됐다. 바로 무게였다.

플라멩코 치마는 신축성이 좋고 무게감 있는 저지 같은 옷감으로 만든다. 허리와 골반까지 달라붙는 디자인도 있지만 아래쪽은 아주 넓다. 밑단을 들어올려보면 완벽한 반원 형태로 쫙 벌어진다. 이 정도는 돼야 치맛자락을 마음대로 펄럭일 수 있다. 그런데 공연용 치마는 여기에 주렁주렁 러플(굵은 주름)을 붙여놓았다. 곱창 같은 러플을 무릎 아래부터 밑단까지 층층이 달거나 옆쪽까지 화려하게 붙인다. 아예 긴 꼬리가 달린 것 같은 치마도 있다. 댄스스포츠 치마는 비슷한 디자인처럼 보여도 아래쪽 프릴을 가벼운 망사로 처리하여 가볍게 들떠 있도록 만든 것이 많다. 그런데 플라멩코 치마는 아래쪽으로 갈수록 무겁다. 공연용 치마는 무게가 1킬로그램이 훌쩍 넘는다. 화려한 색깔에 명랑한 물방울무늬 디자인이 많아 언뜻 보기에는 가볍게 보이기도 하지만 입고 움직이는 걸 보면 질감이 완전히 다르다. 제대로 갖춰 입고 춤을 춰보면 느낌이 바로 몸으로 온다. 이렇게 러플을 많이 붙여서 만들려니 당연히 값도 비싸다. 국내에서 맞추면 공연용 치마는 최소 20만 원 이상이다. 오히려 스페인에서 사면 더 싸다. 이 역시 중고매매 자리에서 적절한 가격의 치마 하나를 '득템'했다.

묵직한 카리스마를 뿜어내는 플라멩코

무거운 구두에 무거운 치마를 입고 추니 춤도 묵직하다. 아니 그 반대다. 묵직한 춤이니 의상과 구두가 무거운 거다. 가볍게 펼쳐진 치마를 입고 추는 왈츠는 우아하고 가볍게 미끄러지는 듯하고, 얇은 천을 걸치고 추는 벨리댄스는 팔과 허리가 고혹적으로 나풀거린다. 그에 비해 플라멩코는 발걸음 옮길 때마다 치맛자락이 무겁게 펄럭인다. 회전을 할 때에는 마치 물에 젖은 치마를 입은 듯이 무겁게 척척 감긴다. 가볍게 팔랑거리려고 해도 그럴 수가 없다. 한 걸음 떼어놓은 발은 이미 땅에 닿았는데 무릎 움직임 따라 펄렁 하고 올라갔던 치맛자락은 뒤늦게 척 하고 무겁게 떨어진다. 당연히 끈적끈적 묵직한 움직임이 만들어질 수밖에 없다.

이 무게감이야말로 플라멩코의 정체성처럼 느껴졌다. 가벼운 튀튀를 입고 위로 도약을 하는 발레와는 전혀 다르다. 연약한 듯 몸을 휘청거리지도 않는다. 여성의 춤일지라도 청순가련 따위와는 완전히 절연한 듯한 느낌이다. 땅에서 무언가 잡아당기는 것처럼 중량감 있게 움직이고, 손을 뻗고 손목을 꺾을 때조차 힘차고 묵직하게 움직인다. 플라멩코의 카리스마는 이 무게에서 나오는 듯하다. 여성 춤꾼의 몸짓이 이처럼 묵직하고 절도 있고 카리스마 있기도 쉽지 않다.
플라멩코는 새로운 세계였다.

서양인 듯 서양 아닌 듯

동작을 어디서 시작해야 할지

'꼴랑' 1년 배우고서 어쩌고저쩌고 이야기하는 건 주제넘은 일이긴 하다. 하지만 호기심이란 시기를 가리지 않고 불쑥 올라오는 법이다. 오히려 처음 접했을 때, 많이 익숙해지기 전에 신선한 첫 느낌과 함께 여러 호기심들이 솟구친다. 익숙해지고 나면 그만큼 깊은 이해에 도달하면서 처음에 받았던 인상이 교정되기도 하고 심화되기도 한다.

플라멩코를 배우기 시작하면서 받은 첫 인상은 '서양인 듯, 서양 아닌 듯'이었다. 음악부터 그랬다. 플라멩코 음악에는 소리를 떨고 흔드는 아랍음악의 요소가 아주 풍부하다. 선율에서 노골적으로 아랍적인 요소를 풍기기도 한다. 더 흥미로운 것은 박자감각이었다. 서구 음악의 박자는 기본적으로 둘씩 잘라나가는 방식이다. 온음표를 반으로 자르면 2분음표, 다시 반씩 자르면 4분음표, 8분음표, 16분음표… 이런 식의 2분박이 지배적이다. 그런데 플라멩코 음악에는 3분박이 많다. 한 박자를 셋으로 자른다. 이것을 네 번 연결하면 '하나둘셋 / 둘둘셋 / 셋둘셋 / 넷둘셋'의 12박이 된다. 우리나라 중모리·굿거리·타령·자진모리가 다 이렇고, 미국 흑인음악 블루스나 스윙재즈도 이렇다.

여기까지는 뭐 그리 희한하지 않다. 비교적 익숙하니까. 그런데 플라멩코는 이런 박자에 춤을 맞추는 방식이 정말 희한했다. 예컨대 '하나둘셋 / 둘둘셋 / 셋둘셋 / 넷둘셋'의 12박으로 음악이 흐른다면 당연히 춤도 제1박인 '하나'에 동작을 시작해서 '넷둘셋'의 제12박에 끝내는 것이 편하다. 그런데 플라멩코에서는 제8박 혹은 제10박처럼 희한한 곳에서 새 동작을 시작하는 경우가 많다. 그렇게 흐름의 중간 부분에서 시작하여 그다음의 흐름으로 아무렇지도 않게 연결된다. 음악을 들으면서 박자를 계속 세고 있지 않으면 동작을 틀리기 십상이다. 또 때때로 박자를 뭉개고 가는 것 같은 느낌을 주는 곳도 있다. 열심히 박자를 세면서도 어느 대목에서는 그냥 감으로 맞추고 가야 하는 곳도 있는 셈이다. 엄청 까다롭다.

기막힌 엇박의 재미

박자를 이렇게 운용한다는 것은 메트로놈 박자에 정확하게 맞추는 감각과는 다르다는 의미다. 말하자면 선율도 박자도 서구 근대에 정리해 놓은, 명확하게 계산되는 체계에 맞추지 않고 다소 자유분방하고 복잡하게 움직이는 것이다. 스페인 남자와 결혼해서 스페인에서 사는 한국 여자의 블로그 글을 본 기억이 난다. 초등학교 선생님 한 분이 한국 동요를 하나 소개해 달라는 부탁을 해왔단다. 악보를 구해주겠다고 했더니 '악보를 읽을 줄 모르니 동영상 링크를 알려달라' 했단다. 으잉? 초등 교사가 동요 악보를 못 읽는다고? 자기 남편에게 물어봤더니 대학까지 나온 그 스페인 남자 역시 악보를 못 읽는다며 '왜 누구나 악보를 읽을 줄 알아야 한다는 고정관념을 갖고 있냐?'고 반문하더란다.

고작 몇 달 경험해 본 플라멩코로도 이 상황을 충분히 이해하겠다. 오선보를 읽지 못하는 게 미개한 것이라 단정한다면 그게 정말 경직된 태도다. 오선보로는 그 규칙적이지 않고 유연하고 섬세한 음악을 정확하게 기록할 수 없으니 자기네들 음악에는 오선보가 맞지 않는 것이다. 우리 전통음악 역시 오선보로 기록해야 하는가에 대한 논란이 꽤 있었다. 미분음微分音이 많고 규칙적이지 않은 음악을 서구 근대음악의 평균율과 메트로놈 박자에 끼워 맞추는 형국이 될 수 있기 때문이다. 그럼에도 불구하고 우리는 오선보의 유용성을 선택했고, 실제로 점점 우리 전통음악의 독특한 성격이 점차 줄어드는 현상이 생기고 있는 것도 사실이다.

어쩌면 스페인 사람들은 기꺼이 '악보맹'이 됨으로써 자기네의 독특한 특성을 유지하고 있는 것일 수도 있다. 박자 맞추기를 어려워하는 우리를 보고 올리바 선생님은 "정박자에 딱딱 들어맞게 안무할 수도 있어요. 그런데 그렇게 춤을 만들면 너무 유치해서 봐줄 수가 없어요"라고 하신다. 말하자면 서구 근대의 똑 떨어지는 규칙성에 못 맞추는 게 아니라 재미없고 유치해서 안 맞추겠다는 거다. 이 기막힌 엇박의 재미를 왜 포기하겠는가.

몸은 꼿꼿이, 무게중심은 아래로

춤 동작도 '서양인 듯 서양 아닌 듯'이다. 단지 바다 하나 건넜을 뿐인데 벨리댄스처럼 골반을 움직이는 동작은 거의 없다. 그렇다고 우리나라를 비롯한 아시아 여러 나라의 춤처럼 무릎 구부리는 동작을 많이 쓰지도 않는다. 몸통을 꼿꼿이 세우고 골반을 고정시키는 자세를 계속 유지하는 건 확실히 서양 춤의 느낌이다. 그래서 춤을 추고 나서, 골반을 많이 움직이는 라틴댄스나 벨리댄스를 추었을 때처럼 몸이 확 풀린다는 느낌은 없다. 오히려 1시간 동안 몸을 꼿꼿이 유지해야 하니 끝난 후에 뻣뻣해진 허리와 골반을 잘 풀어주어야 한다. 마치 발레 연습을 하고 나서 허리와 다리를 잘 풀어주어야 하는 것처럼 말이다. 처음 배우는 동작들은 그리 격하거나 빠르지도 않다. 그런 점에서 중년의 나이에 운동을 목적으로 플라멩코를 시작하는 것은 '비추천'이다. 아, 오해하지 마시길! 물론 플라멩코도 초보 수준을 지나 중급쯤으로 올라가면 동작도 빠르고 움직임도 복잡해지므로 꽤나 격한 운동이 된다. 단지 이 수준에 이르기까지 시간이 오래 걸리니 초심자가 처음부터 운동효과 같은 걸 기대하는 건 무리라는 얘기다.

반면에 플라멩코에 서양 춤의 특성만 있는 건 아니다. 발레처럼 몸을 위로만 잡아당겨 머리부터 발끝까지 일직선으로 펴는 자세를 기본으로 하면서도 몸의 무게중심이 발레보다는 아래로 내려와 있다는 느낌이 강하다. 무릎을 살짝 구부린 자세가 많고 심지어 상체를 웅숭그리는 자세도 자주 등장하고 살짝살짝 골반을 흔들기도 한다. 하지만 아시아나 아프리카 지역의 춤들과 달리, 정도는 아주 약하다. 한국 춤처럼 무릎의 굴신이 허리, 어깨에 이르기까지 출렁거리게 만들지도 않고, 동남아시아 춤처럼 무릎을 많이 구부리는 자세를 오래 유지하지도 않는다. 골반의 움직임도 라틴댄스나 벨리댄스에 비하자면 그야말로 살짝 양념 치는 정도에 그친다.

유럽 끄트머리, 집시의 춤

대신 손가락이나 팔의 움직임은 화려하기 이를 데 없다. 벨리댄스의 손가락 움직임과 원리가 비슷하지만 그보다 훨씬 꺾임이 강해 이를 통한 감정표현이 더 적극적이고 격하다. 팔과 손이 만들어내는 무게 있는 비장함은 플라멩코 특유의 매력이다. 감정을 절제하는 듯 각을 잡으면서도 그 각 잡는 게 오히려 '오버 쩌는' 느낌이랄까. 그래서 익살스러움으로 직행하기도 한다. 마치 말끔하고 경쾌한 경기소리에서는 찾아볼 수 없는, 남도 판소리만의 '오버 쩌는' 격한 비애감이 해학이나 신명으로 직행할 수 있는 것처럼 말이다.

유럽의 끄트머리에 붙어 있는 동네의, 그중에서도 밑바닥이며 아웃사이더인 떠돌이 집시들의 춤, 서유럽에 완전히 동화되지 않으면서 다른 한편으로는 "나 유럽이야!" 하고 말하는 듯한 참 묘하게 매력적인 춤이다.

골반 흔들며 손으로 말하는 훌라

훌라도 골반은 흔드는데

플라멩코가 그랬듯 하와이 훌라를 시작한 것도 순전히 호기심에서다. 이미 춤은 충분히 추고 있다. 춤 시간을 더 늘리는 게 오히려 과로일 수도 있다. 하지만 호기심을 누르지 못해(나는 늘 이게 문제다!) 그냥 '맛만 보자'는 생각으로 훌라 강좌를 찾았다.

훌라에 대한 호기심은 벨리댄스를 배우다가 생겼다. 라틴댄스보다 더 자유롭고 화려하게 골반을 움직이는 벨리댄스를 배우다 보니 골반 흔드는 다른 춤, 즉 인도 무용이나 훌라 같은 것들이 머릿속에서 주르륵 떠올랐다. 인도는 중동 지역과 바로 붙어 있는 곳이니 비슷한 움직임이 있을 수도 있다. 하지만 훌라를 추는 하와이는 지역적으로도 꽤 떨어진 곳이다. 그쪽 동네는 또 어떻게 골반을 흔드는지 궁금해졌다.

훌라 역시 플라멩코만큼이나 배울 수 있는 곳을 찾기가 쉽지 않았지만 그래도 아주 없는 건 아니었다. 서울 강남에는 학원들도 있었고, 훌라와 우쿨렐레 음악을 비롯한 하와이 예술문화를 다루는 사람들의 협회도 조직되어 훌라 강사도 배출하고 있었다. 그러고 보면 우리가 정말 한정된 나라의 예술에 대해서만 관심을 갖고 있다는 생각을 새삼스레 하게 된다. 우리는 '세계'란 말을 쉽게 하면서도 그렇게 다양한 나라에 대한 관심을 갖고 있지 않다. '세계문학전집'도 늘 서유럽과 미국 중심이다. 음악을 듣는 취향도 '클래식'이라 지칭되는 본격 음악은 서구 근대음악, 대중음악은 미국과 영국이 중심이다. 그 외의 음악에 대해서는 '월드뮤직'이라는 아주 희한한 이름으로 뭉뚱그린다. 서구·미국을 쏙 뺀 그 나머지의 음악을 지칭할 뿐 아니라 주로 서구·미국에 소개된 후 우리에게 재전파된 것이란 점에서도 아주 서구·미국 중심적이다. 세계 여러 나라의 춤을 배울 수 있는 곳이 있는지 찾아보니 정말 찾기 어려웠다. 동남아시아 여러 나라의 춤은 물론이고 가장 가까운 중국과 일본의 춤조차 배울 수 있는 곳이 없다.

그러니 훌라 교습이 이 정도나마 이루어진다는 것도 아주 이례적인 것이다. 그만큼 미국 영화 등을 통해 훌라가 많이 소개되었고, 늘어난 해외관광으로 그 호기심이 증폭된 게 아닐까 싶다. 하와이에서는 관광객을 대상으로 한 훌라 강습도 있고, 관광 상품으로서의 훌라 공연도 많이 이루어지고 있기 때문이다.

백인의 눈요기가 되어버린 훌라

이것저것 자료를 뒤져보니 훌라는 '태평양의 폴리네시안 지역의 여러 춤들과 비슷한 것'이라고 설명되어 있다. 모두 골반을 많이 움직이는 것이 특징인데, 그중 훌라는 골반을 좀 천천히 움직이는 춤이다. 타이티의 춤은 골반을 더 격렬하게 움직인다고 한다. 뒤져서 찾아낸 몇 편의 동영상에서는 마치 벨리댄스의 쉬미 동작처럼 빠르고 반복적으로 골반을 움직이는 춤을 볼 수 있었다.

당연히 이런 춤들이 처음부터 관광용은 아니었다. 허영일의 『민족무용학』(시공사, 1999)에 의하면, 훌라가 애초에는 사원에서 췄던 제의적인 춤이었다고 한다. 남성만 출 수 있었고 신화를 노래로 하는 영창詠唱에 맞추어 췄으며, 훌라 춤꾼을 지도하는 쿠무훌라Kumu Hula는 사제였다. 서양인들이 들어오고 기독교가 전파됨에 따라 19세기 말에 이르러서는 훌라가 더 이상 제의적 기능을 가지지 않게 되었다. 제3세계의 많은 민속무용이 그러하듯, 제의적 기능을 상실한 춤들은 순수한 공연 혹은 관광상품으로 세속화되었다. 애초에 '야한 것'과는 무관했었을 골반 움직임도, 그들에게는 일상이었을 벗은 몸도, 외지인 남성의 눈에는 그저 화려한 눈요깃거리가 되었을 것이며 당연히 여자 무용수가 선호되었을 것이다.

겨우 한두 달 배우고서 훌라에 대해 뭐라 얘기하는 것이 어불성설이긴 하지만, 그냥 첫인상으로 말하자면 훌라는 벨리댄스에 비해 기교적으로는 훨씬 소박한 춤이라는 느낌이 들었다. 특히 내가 궁금해했던 골반 움직임은 더욱 그랬다. 벨리댄스에서는 골반 동작만 스무 가지가 넘었는데 훌라는 그렇지는 않은 듯하다. 그러니 벨리댄스에서 골반을 노골노골 풀어놓은 내 허리로는 따라 하기가 그리 어렵지 않았다. 훌라의 발 기본 자세가 11자인 것에서도 그런 느낌이 들었다. 사람은 11자 모양을 유지하며 걷지만 동서양을 막론하고 전문성이 강한 춤에서는 발을 8八자 모양을 유지하는 경우가 많다. 춤을 추면서 빠르고 많은 회전을 하거나 자세를 다양하게 바꾸려면 8자 모양의 발 자세를 취해야 안정과 균형을 유지하기가 쉽기 때문이다. 물론 그렇다고 해서 훌라가 배우기 쉬운 춤일 것이라 생각하는 것은 아니다. 어느 춤이든 오랫동안 유지된 문화란 제대로 배우는 것이 쉽지 않다. 동영상을 찾아보면, 특히 폴리네시안 지역의 춤에서 자주 등장하는, 무릎을 구부린 채 발을 구르거나 뒤꿈치를 들고 움직이는 동작들이 많아 꽤 힘이 들 것 같았다. 하지만 발레나 벨리댄스, 탭댄스, 플라멩코에서처럼 기교적으로 복잡한 동작은 잘 눈에 띄지 않았다.

엄숙하고 소박한 제의적인 춤

대신 이러한 훌라의 소박함에서는 제의적인 엄숙함이나 진정성 같은 것이 느껴졌다. 훌라에 대한 일반적인 인상은 아름다운 무희의 야한 춤이란 것이지만 실제 하와이의 훌라 동영상 몇 편만 훑어봐도 제의적인 엄숙함이 느껴진다. 디즈니의 애니메이션 〈모아나〉에 나오는 할머니의 훌라를 떠올려 보라. 신화적인 노래를 읊으면서 자연 속에서 추는 춤들을 보면 그런 느낌은 더욱 강하게 온다. 흔히 전문 예인의 공연용 춤·음악에 비해 제의적인 춤·음악은 기교적으로는 소박한 경우가 많다. 불교 승려의 범패나 바라춤, 무당의 무가巫歌나 춤이 전문예인들이 하는 판소리나 살풀이와 비교해 볼 때 기교적으로 소박한 것처럼 말이다.

관중을 즐겁게 해주기 위한 것이 아니라 신(혹은 절대적인 그 무엇)과 소통하는 것이기 때문이다.

홀라의 손동작은 그런 점에서 흥미롭다. 훌라에서는 마치 수화처럼 손으로 말을 한다. 예컨대 '비가 내린다'를 표현할 때에는 위에서 아래로 손을 내리면서 손가락을 가닥가닥 찰랑거리는 식이다. 그런 손동작을 눈 가까이에서 하면 '눈물 흘린다'는 뜻이며, '대지의 빛'을 표현할 때에는 양팔을 옆으로 펴서 대지를 표현한 후 손가락을 튕겨서 빛을 발하는 모양을 만들고, '무지개가 뜬다'는 손으로 크게 반원을 그려 표현한다. 추상화가 덜 이루어진 소박한 몸짓 언어다. 문자가 없었던 하와이인들은 훌라의 몸짓·손짓으로 신화와 역사를 전승하고 있었던 것이다. 훌라를 배우기 전에는 정말 몰랐다. 이처럼 소박하고 아름다우며 엄숙한 춤이라는 것을 말이다.

그래서 맛보기로 체험한 춤이긴 하지만 배워볼 만한 춤이라는 생각이 들었다. 앞에서 이야기했듯이 나이 들수록 골반을 적극적으로 움직이는 춤을 추는 게 좋다고 생각하는데, 벨리댄스나 라틴댄스가 좀 부담스럽다 싶은 사람에게는 훌라를 강력히 추천한다. 폭 넓은 치마 하나만 있으면 다른 준비물도 필요 없다. 편안한 상의에 맨발로 추는 춤이다. 뛰지도 않고 소박하게 손과 발을 움직이면서 과하지 않게 골반을 흔들어주는 재미가 있다. 마치 4줄 현악기인 우쿨렐레를 배우면 6줄인 기타를 배우기가 쉬워지듯 훌라를 일단 해보면 골반 흔드는 다른 춤으로 넘어가는 데 그리 부담이 없을 수 있겠다는 생각이 든다.

내가 배운 훌라 강좌에는 60~70대 할머니와 열 살 어린이들이 뒤섞여 있었다. 아이들은 엉덩이를 실룩거리고 골반을 살랑살랑 흔들며 까르르 웃었고 할머니들도 굳은 허리를 살랑살랑 흔들며 아이들의 뒤를 따라 아장아장 움직였다.

에필로그
'열 춤' 추리라

그나마 춤이라도 추니 이 정도

나의 춤 이야기는 끝낼 때가 됐다. 맨 앞에서도 말했듯이, 나는 아직 '예술로서의 춤', '춤의 운동효과' 같은 것에 대해 전문가 어투로 이러쿵저러쿵 말할 깜냥이 안 된다. 내가 이야기할 수 있는 것은 '나의 인생운동'으로서의 춤에 관한 것뿐이다. 거기에 직업병처럼 머릿속에서 맴돌았던 분석들을 소박하게 덧붙인 정도다.

다행히 춤을 인생운동으로 삼아 건강 유지에 큰 도움을 받고 있는 건 사실이지만 여전히 '강철체력'이 된 건 아니다. 난 지금도 저질체력이다. 나는 '인간에게 한계란 없다' 같은 말은 믿지 않는다. 한계에 도전하는 건 매우 중요하며 이 말이 그런 도전을 지지하는 의미로 주로 쓰이므로 평소에 이 말에 시비를 걸지는 않는다. 하지만 인간에게 당연히 한계란 있다고 믿는다. 마치 모든 존재에 끝이 있는 것이 당연한 것처럼 말이다. 나는 늘 몸이 크고 에너지가 넘치며 며칠씩 밤을 새워도 끄떡없는 기골장대한 여자들의 몸이 부러웠다. 그런 몸은 내가 아무리 노력해도 도달할 수 있는 게 아니다. 나는 아프지 않기 위해 늘 조심조심 산다. 내 몸을 딴 몸으로 바꿀 수는 없는 법이고 변화의 폭이란 한계가 있다. 그 변화의 폭도 나이가 들수록 좁아진다. 나이가 드는 것을 피할 수 없듯이 그것도 내 의지나 노력 바깥의 것이다. 단지 나는 그 한계 내에서 최선을 다할 뿐이다.

사람을 만나서 수다를 떨다 보면 아무리 즐거운 수다일지라도 피로해진다. 즐겁지 않은 수다나 회의는 짧은 시간에도 급격하게 피곤해진다. 소화력이 약해서 저녁 시간의 기름진 육식, 밤늦은 술자리는 하고 싶어도 못 한다. 음식 먹고 소화시킬 시간이 없이 잠을 자게 되니 체하기 십상이다. 속이 한 번 뒤집어지면 그 후유증이 오래간다. 근골격계 질환이 춤으로 거의 나았다고는 하나 여전히 오른쪽 어깨가 완벽하게 젊은 시절 상태로 되돌아간 건 아니다. 그러니 꼭 해야 하는 일 중심으로 무리하지 않게 조심조심 관리를 잘 하면서 일상을 꾸려간다. 남들 페이스에 말리지 않고 내 페이스를 잘 유지하면서 사는 것, 그게 최선이다.

그래도 춤을 추기 전보다는 훨씬 낫다. 몸을 움직이다 보니 긴장과 경직, 무리함 같은 것을 빨리 자각하게 된 덕인 듯하다. 적어도 이제는 글을 쓰다가, 길을 걷다가 세상이 팽그르르 도는 증상은 없다. 종종 생겼던 머리끝으로 치솟는 편두통 증상도 많이 사라졌다. 나이 들면서 조금씩 느려지던 걸음걸이도 도로 빨라졌다. 특히 다리와 발은 날로 건강해지는 게 느껴진다. 춤조차 추지 않았더라면 50대 이후 체력 하락의 정도가 어땠을까. 생각만 해도 아찔하다.

일주일에 4~5회 춤을 배우러 다니니 춤바람인 것은

분명하다. 하지만 나는 그렇게라도 운동시간을 확보하는 것이라고 생각한다. 월정액 헬스클럽 비용보다는 훨씬 비싼 비용을 지불해야 하지만 혼자 운동하다가 지루함을 참지 못해 그만두는 것과 비교할 수 있겠는가. 이건 선생님이 있는 운동이다. 개인 트레이너에게 훈련을 받는 것보다는 월등하게 싸다. 어쨌든 나는 내 몸의 관리 방법을 터득해 가는 중이고, 그 중심에 춤을 놓고 있는 것이다.

내가 원하는 춤의 기준

이것저것 여러 춤을 배우다 보니 내가 춤을 고르는 기준, 춤을 대하는 나의 태도가 분명히 자각된다. 사실 취미로 춤을 추면서 춤에 따라오는 다른 효과도 목적으로 삼게 된다. 나에게는 '운동'이 그런 거다. 그러나 또 다른 어떤 사람들은 '사교를 위해, 감정의 해방이나 명상 혹은 심리적 치유를 위해, 공연을 한 번 해보는 성취감을 누리기 위해' 갖가지 다른 목적을 가지고 춤을 배운다. 내가 목적을 두는 것은 그냥 '운동'과 춤 자체가 주는 '몸의 즐거움', 그리고 그 과정에서 생기는 자잘하고 단순한 '지적 깨달음' 정도인 것 같다.

머리말에서도 말했듯이 나는 공연을 통해 성취감을 얻고 싶은 욕망은 정말 '1도 없다'. 오히려 가능하면 피하고 싶다. 커플댄스를 배우지만 사교에는 별 흥미가 없다. 만약 춤과 함께 사람 만나는 것을 즐기고 싶다면 일반적인 학원보다는 동호회를 선택하는 게 좋고, 춤 종류도 혼자 추는 춤이 아니라 둘이 추는 커플댄스 혹은 집단적으로 출 때 재미있는 라인댄스 쪽이 좋다. 조금만 배워도 바로 사교적인 춤추기가 가능한 쉬운 춤을 선택하는 것도 방법이다.

자기해방이나 명상, 심리적 치유를 위한 춤추기 역시 나에게는 그다지 맞지 않는다. 대개 이런 목적의 춤 배우기에서는 억눌렸던 마음과 몸을 자유롭게 움직여보라는 주문을 종종 받는다. 전문적인 춤에서처럼 이미 만들어진 형태를 따라 하는 게 아니라 몸과 마음이 움직여지는 대로 움직이라는 말이다. 이런 식의 춤추기가 비전문인에게는 참 좋은 방식이라고 생각한다. 전문인을 위해 만들어놓은 형태를 고스란히 모방하며 반복하는 것은 창의성도 없고 자칫 폭력적(?)일 수도 있기 때문이다. 하지만 나에게는 이런 자유로운 춤 배우기는 맞지 않는다. 전문 춤꾼은 아니지만 그래도 공연예술 분야에서 오래 일했던 사람이어서 나름 몸에 대한 자의식과 분석 충동이 곤두서 있는 사람이기 때문이다.

나는 몸과 마음이 움직여지는 대로 움직이려고 해도 '내 움직임이 관객에게는 어떻게 보일까, 어떤 의미로 읽혀질까' 하는 생각이 자연스럽게 작동한다. 어쩔 수 없는 직업병이다. 예컨대 이런 식이다, 나는 JTBC 〈뉴스룸〉의 처음 한두 달 동안은 손석희 앵커의 걸음걸이와 서 있는 자세가 눈에 거슬려서 아주 애를 먹었다. 늘 앉아서 진행하던 이전 뉴스와 달리 JTBC 〈뉴스룸〉에서는 앵커가 종종 서서 혹은 몇 발자국 걷기도 하면서 멘트를 한다. 〈뉴스룸〉 초창기에 나는 매일 이런 생각을 하면서 보게 되었다. '앗, 저 훈련 안 된 몸! 살짝 올라간 어깨. 조금 구부정하네. 평생

의자에 앉아 팔꿈치를 테이블 위에 얹고 뉴스를 진행했으니 몸이 저렇게 굳었겠지. 게다가 걸음은 어정쩡하게 어그적거리네. 목소리와 말은 아주 훈련이 잘 돼 있는데, 저 나이에 몸 훈련을 새로 할 수도 없고… 정말 안타깝구만, 쩝!' 트집 잡자는 게 아니다. 〈그것이 알고 싶다〉의, 훈련이 잘 된 배우(박상원, 문성근, 정진영, 김상중까지)의 몸과 비교해 보라. 무대 위의 몸을 수십 년 보고 살아왔으니 이런 게 눈에 계속 걸리는 것이다. 몇 달 후엔 내 눈도 손석희의 몸에 익숙해졌지만 말이다. 몸의 움직임에 이렇게 머리가 복잡하게 반응하니 "마음을 비우고 몸 가는 대로 움직여보세요"라는 주문이 나에게는 고역이다. 그러니 오히려 그냥 형태가 다 만들어져 있는 춤을 별 고민 없이 따라 하는 것이 나에게는 훨씬 머리를 쉽게 비우는 길이다. 하지만 이건 나 같은 사람에게만 그런 거다. 다른 사람들에게는 자기해방이나 명상·치유로서의 춤추기는 충분히 권할 만하다.

그러니 나는 운동으로서 내 나이의 몸이 소화할 수 있을 정도의 것, 춤 자체로 재미있는 것, 춤으로서 생각할 거리가 좀 있는 춤, 이 정도의 조건을 만족시키는 춤을 고르게 되었다. 사교가 필요한 살사댄스는 나에겐 안 맞았다. 에어로빅이나 줌바댄스, 발레 스트레칭처럼 운동효과가 제1의 목표로 설정되어 춤 자체의 재미가 적은 춤들도 관심 밖이다. 젊은이들이 많이 즐기는 방송댄스나 재즈댄스, 젊은 몸을 요구하는 발레처럼 그들 몸에 최적화된 방식으로 교육하는 춤도 나에게는 맞지 않는다.

세상은 넓고 춤은 많다

이렇게 까다롭게 고르더라도 배울 수 있는 춤은 세상에 넘쳐난다. 지금 나처럼 한꺼번에 여러 춤을 배워도 될 정도로 배울 만한 춤의 가짓수는 많다. 나는 이 세상의 수많은 춤을 접할 수 있다는 점에서 내가 비전문인이란 점이 너무 좋다. 춤꾼이 되기 위해서는 '한 우물'을 깊게 파야 하고, 그렇게 되면 다른 춤을 배우기가 힘들어진다. 왜냐하면 몸이 그 춤에 최적화된 방식으로 바뀌기 때문이다. 겨우 몇 년뿐인데 댄스스포츠 배우면서 생긴 몸의 습관이 플라멩코와 벨리댄스에서 튀어나와서 자꾸 지적을 받는다. 발레리노들이 군대를 가면 가장 어려워하는 것이 태권도란다. 손발을 내뻗을 때 자꾸 부드러운 발레의 질감이 묻어나오는 것이다. '고문관'이 따로 없다. 그뿐이 아니다. 살풀이나 승무 같은 것을 배우던 한국무용 전공자들은 탁탁 절도 있게 끊어지는 질감의 탈춤을 정말 못 춘다. 탈춤이라고 다 똑같은 것도 아니다. 봉산탈춤 잘 추던 사람도 고성오광대 춤을 출 때에는 봉산탈춤 질감이 튀어나와 움직임이 딱딱하고 이상해진다. 몸이란 게 그런 거다. 전문 춤꾼이란 자기 몸을 그 춤에 최적화되도록 유지해야 한다.

비전문인인 나는 그럴 필요가 없다. 그리 잘 출 필요가 없으니 한 가지 춤에 최적화된 몸을 유지하려고 노력할 필요도 없다. 오히려 건강을 위해 춤을 배우는 나에게는 여러 춤을 한꺼번에 배워서 몸이 헷갈리도록 만드는 게 더 바람직하다고 생각한다. 춤이 몸의 구석구석을 고루 움직이게 만드는 것은 사실이나 특정한 춤이 많이 쓰는 몸동작은 정해져 있다. 게다가 인간의 몸이란 적응력이 뛰어나기 때문에 동일한 움직임을 반복하면 거기에 익숙해져 가장 힘이 덜 드는 방식으로 움직인다. 여러 춤을 한꺼번에 배워보니, 한 춤을 추면서 잘 쓰지 않던 근육을 다른 춤을 배우면서 쓰게 된다는 걸 깨닫는다. 다양한 춤을 배우는 것은 고루고루 몸을 쓰고 몸이 익숙한 동작에 안주하는 것을 막는 방법이다. 이건 전문 춤꾼은 절대로 못 한다. 비전문인이니 마음껏 해볼 수 있는 거다.

비전문인이기 때문에 가질 수 있는 자유로움, 나는 이걸 마음껏 누려보려고 한다. '열 춤'을 추어보려는 것이다. 전문 춤꾼은 감히 이렇게 못 한다. 나는 춤꾼이 아니어서 '열 춤' 출 수 있다. 자유롭고 행복하다.

인생운동을 찾았다!

한심한 몸을 깨우는 춤의 마법

초판 1쇄 펴낸날 2019년 4월 8일

지은이 이영미
발행인 표완수
편집인 김은남
편집 송지혜
교정·교열 김경림
일러스트레이션 최진영
디자인 전용완
제작 한영문화사

펴낸곳 (주)참언론 시사IN북
출판등록 2009년 4월 15일 제300-2009-40호
주소 04506 서울시 중구 중림로 27 가톨릭출판사빌딩 3층
전화 02-3700-3250(마케팅), 02-3700-3270(편집)
팩스 02-3700-3299
전자우편 book@sisain.kr
홈페이지 http://sisainbook.com

ISBN 978-89-94973-51-7 (03190)
값 12,000원

이 도서의 국립중앙도서관 출판예정도서목록(CIP)은
서지정보유통지원시스템 홈페이지(http://seoji.nl.go.kr)와
국가자료공동목록시스템(http://www.nl.go.kr/kolisnet)에서 이용하실 수
있습니다. (CIP제어번호: CIP2019011245)